Lastige ouders, moeilijke leerlingen

HANS KALDENBACH

Lastige ouders, moeilijke leerlingen

99 tips

2022 Prometheus Amsterdam

Eerste druk 2019
Vierde, herziene druk 2020
Vijfde, herziene druk 2022

Omslagontwerp Erik Prinsen
Foto auteur Piek
Illustraties binnenwerk Sameer Khalili
Zetwerk Mat-Zet bv, Huizen
www.uitgeverijprometheus.nl
ISBN 978 90 446 4294 0

U kunt de wind niet veranderen.
Maar hoe de zeilen staan, bepaalt u zelf.

Inhoud

Paniek bij professionals

Allerlei

Woord vooraf

U hebt als leraar steeds vaker last van veeleisende ouders. Ze kiezen soms blind partij voor hun kind. Ze verwachten dat u meteen tijd voor ze hebt en ze willen dat u onmiddellijk in actie komt. Ze eisen soms een harde aanpak terwijl ú weet dat dit fout afloopt.

Uw vakmanschap bepaalt of het contact met die ouders gaat escaleren. Ook ouders die u onredelijk vindt, willen namelijk gehoord worden. Tegelijkertijd hebt u uw eigen verantwoordelijkheid. U gaat in dit boek veel valkuilen herkennen en u krijgt tientallen helpende tips.

Een vader komt boos de school binnen. U steekt meteen uw hand uit: *Ik zie dat er iets belangrijks is, gaat u zitten, wilt u koffie? Suiker en melk?*

Ook het gedrag van leerlingen wordt in hoog tempo moeilijker. De tweede helft van dit boek beschrijft de **paniek van uitstekende leraren die 'het opeens niet meer kunnen'**. Ze konden vroeger de moeilijkste klassen aan. Nu soms niet meer.

Meisje: *Van de andere leraren mag het wél.*
U: *Wat lastig voor je. Onthoud maar dat het van mij niet mag.*

Hoe gaat u om met verwende, ontregelde, brutale leerlingen? Wat doet u als u méérdere druktemakers in de klas hebt? Hoe reageert u (conciërge) op: *Je bent maar een schoonmaker*? Wat doet u als een weggestuurde leerling bij de deur nog net even *kutwijf* zegt? Wat als een leerling zegt: *U discrimineert*? Wat doet u als de wc opzettelijk smerig wordt gemaakt?

Mijn acteur en ik komen graag bij u op school.

Hans Kaldenbach
kaldenbach@telfort.nl
www.hanskaldenbach.nl

Hoofdstuk 9 'Ouders praten respectloos over de school' stond in het verleden onder de titel 'Als ouders respectloos praten over de school' in *Korte lontjes, 99 tips*.

Met dank aan:
Amar El Ajjouri, Karina Boom, Hayat Chidi, Rob Ermers, Wiebout Guikema, Yaron Kaldenbach, Nelleke Kuiper, Jannie Limburg, Ramon Ramnath, Jeroen van Veenendaal en Sela Zorlu.

1 Hoe krijgt u verbinding met lastige ouders?

Zestig jaar geleden

Zestig jaar geleden was een docent nog een autoriteit. Als een kind op school geslagen werd, dan kreeg die thuis nóg een klap: de ouders steunden de school. De leraar hoorde samen met de pastoor, notaris en dokter bij de belangrijke mensen in het dorp. Dat is niet meer zo.

In de werkbelasting van leraren speelden zelfs twintig jaar geleden de ouders nog geen enkele rol. Docenten hebben nu niet alleen te maken met lastige leerlingen, ze hebben er een extra doelgroep bij: een aantal onredelijke, dwingende en soms intimiderende ouders.

> Als u deze ouders *'lastige ouders'* noemt, dan legt u de schuld bij hen. Dan moeten zij veranderen. U hoeft dan niets te doen.
>
> U kunt het ook formuleren als: *Ik vind deze ouders lastig.* Dan bent u meer geneigd op zoek te gaan naar waar ú last van hebt en wat ú in deze situatie kunt doen.
>
> Dan beseft u: *ik kan de wind niet veranderen, maar hoe ik mijn zeilen zet, dat bepaal ik zelf.*

Zie lastige ouders als betrókken ouders

Natuurlijk vindt u ouders soms lastig. Maar u wordt veel effectiever als u ze zou kunnen zien als betrókken ouders.

- Op een ouderavond geeft een vader me een zeer dominante handdruk. Hij kijkt me bovendien extra lang dwingend aan. Ik zeg: *Ik denk dat we veel te bespreken hebben, gaat u zitten.* Daarmee pakte ik de regie terug. Ook met: *Wilt u koffie? Met melk?*
- Kimberly is een 'hopeloze' leerlinge. Moeder is ook 'moeilijk'. Ik zeg: *Wat fijn dat u er bent. Hoe doet ú dat nou thuis met Kimberly? Wij vinden dat soms zó moeilijk. Hoe doet u dat nou? Gaat u zitten.* Ik ga die boze moeder dus om hulp vragen. Dat werkt vrijwel altijd.
- Een woedende vader stormt de receptie voorbij op weg naar de klas van zijn dochter. Ik (conciërge) steek mijn hand uit, glimlach breed: *Ik zie dat er iets belangrijks is.*

De judo- of de karatemethode. Begrijpen én begrenzen

In het bovenstaande ziet u voorbeelden van de judomethode. Bij de karatemethode zou u meteen tegen de ouders ingaan: *Dit kan absoluut niet. Wat doet u in mijn klas? Eruit, nu meteen!* Die vechtstijl lukt alleen als u heel erg sterk (lichamelijk en psychisch) bent. De meeste docenten kunnen veel meer bereiken met de judomethode. U hebt ook dan de regie. Bij de judomethode doet u iets anders. U verplaatst zich in de vader of moeder, u laat merken dat u hen begrijpt *(ik zie dat er iets belangrijks is)* én u stelt duidelijk een grens. U deinst niet terug, u gaat er niet blind tegenin. U begrijpt (niet 'u hebt begrip') én begrenst.

Nog anders gezegd: u gaat bij onredelijke ouders níet vanuit uw primaire emoties **v**echten, **v**luchten of

verstijven. U zoekt **v**erbinding en u stelt grenzen, mét behoud van verbinding. Dan reageert u niet langer vanuit uw primaire emoties, u wordt professioneel.

Staat er een moeilijk gesprek met ouders gepland? Ziet u ertegen op? Dan wacht u misschien 'verstijfd' af op wat er komen gaat. Een goede tip: vraag u af wat ú wilt in dit gesprek. Wat zou ú, in het gesprek dat toch komt, de ouders willen zeggen, duidelijk maken of aan hen vragen? U bent dan niet meer afwachtend, u genereert energie. Het wordt een beter gesprek.

Uw taalgebruik
Uw taal beïnvloedt uw denken. Stel dat u het met collega's hebt over *hysterische, overdreven ouders die altijd hun verwende krengen, hun prinsjes en prinsesjes in de watten leggen.* Hoe begrijpelijk ook, dit taalgebruik brengt u in een verkeerde grondhouding voor een goed gesprek.

VERBINDING ZOEKEN, achttien keer kijken door de ogen van de ouders

U hoeft het helemaal niet eens te zijn met de ouders, maar om hen te bereiken moeten de ouders éérst voelen dat u hén begrijpt. Hieronder achttien keer uw primaire gedachtes, daarna een professionele interpretatie waardoor u verbinding krijgt.

1. De ouders zijn **lastig** →
   U bent betrokken bij de school, u maakt zich zorgen... u wilt niet zomaar alles accepteren... over uw kant laten gaan.
2. De ouders zijn **boos** →
   Vertel, ik zie dat er iets belangrijks is. Er moet iets gebeurd zijn... Dit is echt belangrijk voor u.
3. De ouders **verwennen** hun kind →
   U wilt het beste, u gunt haar alles... niets tekortkomt... dat ze mee kan doen met anderen, zich niet minder waard voelt, zich niet achtergesteld voelt.
4. Ouders **zeuren** steeds over hetzelfde →
   Goed dat u erop terugkomt, dit zit u nog steeds dwars zie ik. Dit is een heel belangrijk punt voor u. Ik heb goed gehoord dat u vindt dat...
5. De ouders zijn **dwingend** →
   U hecht hier veel belang aan. Dit vindt u belangrijk... Dit is voor u een kernpunt, ik hoor het, daarom legt u er veel nadruk op...
6. Ouders willen absoluut **geen vmbo-advies** →
   U wilt het beste voor haar... dat ze meer kan. U maakt zich ook zorgen over het type medeleerlingen hoor ik...
7. De ouders eisen dat het **pesten meteen stopt** →
   U maakt zich grote zorgen. U beseft hoe schadelijk het pesten voor hem is. U moet zich machteloos voelen als u ziet hoe uw kind lijdt.
8. Ouders: **de pester moet van school af** →

U zou het in één klap willen oplossen, ik kan me dat goed voorstellen. Als ik zijn moeder was zou ik ook...

9. Ouders **kiezen meteen partij** voor hun kind →
   U wilt een steun zijn... achter hen staan... op haar ouders kan rekenen... er niet alleen voor staat.
10. Ouders **geloven hun kind blind** →
    Goed dat u het opneemt voor uw kind. U hebt heel veel vertrouwen in haar. U moet de ervaring... dat ze vaak een juiste weergave van gebeurtenissen geeft... erop kan rekenen dat ze betrouwbaar is...
11. Ze **overcompenseren** na de scheiding →
    U wilt dat uw kind juist nu niets tekortkomt. Dat ze toch al genoeg ellende heeft gehad de laatste tijd en u wilt haar juist nu niets misgunnen.
12. Ze zijn **eigenwijs** →
    U bent hier echt van overtuigd, voor u is dit een zekerheid, ik hoor het. U moet hier vaker over nagedacht hebben want ik hoor geen spoor van twijfel.
13. Ze zijn **bemoeizuchtig** →
    U voelt zich betrokken bij (veel van) wat er op school gebeurt. U wilt een kwalitatief goede school...
14. Ze **verwaarlozen** hun kind →
    U vindt het belangrijk dat uw kind een eigen leven mag leiden, haar eigen keuzes mag maken... dat ze mag leren van haar eigen fouten... u wilt geen ouderlijke bemoeizucht, dat vind ik ook waardevol...
15. Arrogante, **veeleisende** ouders →
    U bent kritisch, u stelt hoge eisen aan de school... niet zomaar alles klakkeloos accepteren... U wilt kwaliteit voor uw kind, dat kan ik enorm waarderen.
16. **Superstrenge** ouders →
    U vindt goede rapportcijfers belangrijk... zonder diploma is het lastig om iets te bereiken in de wereld. U wilt dat ze goed terechtkomt... dat ze geen verkeerde dingen

doet... haar behoeden voor risico's... er zijn veel verleidingen voor jonge mensen... U wilt haar op het rechte pad houden.
EN we hebben de ervaring dat juist die leerlingen kwetsbaar zijn, etc.

17. Ouders **die hun kind slaan →**
U wilt het beste voor uw kind. U wilt dat ze op het rechte pad blijven... dat ze zich op de juiste manier gedragen... fatsoenlijk en beschaafd zijn... dat ze niet afglijden... Je ziet soms dat jongeren zich misdragen... U maakt zich zorgen over de toekomst, wij ook.
EN... *Wij zien dat kinderen die geslagen worden vaak bang worden voor volwassenen. Diep vanbinnen worden het angstige kinderen. Soms worden ze schuw... stiekem... vals. ~~Dat zie je soms ook bij een hond die je slaat.~~ Wat we ook zien is dat kinderen die thuis geslagen worden ándere kinderen gaan slaan. Dat willen we niet hier op school... Is er voor u een andere manier om uw kind duidelijk te maken dat...*

18. **Thuis is het kind de baas →**
Hoe is dat voor u? ... Dan moet u zich heel machteloos voelen. Ik kan me voorstellen dat dat u wanhopig maakt. Vaak groeit zoiets heel langzaam en is het daarna nog moeilijk te veranderen...

Bij vrijwel alle ouders:
U hebt alles over voor uw kind, wij ook. We willen allebei het beste.
U kent uw kind het beste, hebt u tips voor mij?

U hebt een slecht geheugen voor namen. Er komt een vader of moeder langs. Wat klinkt prettiger?
...ik ben uw naam vergeten.
...ik probeer me uw naam te herinneren.

Drie valkuilen

Er zijn minstens drie valkuilen als u zich verplaatst in de ouders.

- De ouders 'begrijpen' is niet hetzelfde als 'begrip' voor hen hebben. Als u ouders wilt begrijpen betekent dat helemaal NIET dat u het met hen eens hoeft te zijn. Ouders maken dit onderscheid vaak niet. Als u luisterend humt, dan kunnen ze denken dat u het met hen eens bent. Dat is niet altijd zo: u luisterde om hen te begrijpen.
  Iets begrijpen ≠ ergens begrip voor hebben.
- Stel dat u ouders uitlegt waarom u of de school iets besloten heeft. Onbewust kan het zijn dat u wacht op hun instemming. U wilt dan niet alleen dat ze u begrijpen, u wilt ook dat ze het met u eens zijn. U voelt zich veel sterker als uw doel is uzelf te verklaren, te verduidelijken. Als u wacht op instemming, dan geeft u de ouders de regie.
- Het woordje 'maar' kan een valkuil zijn.
  - Door dit woordje 'maar' voelt de ander dat uw inleidende woorden alleen maar een mooie verpakking, nep waren.
  - *Ik begrijp u, maar...*
  - *Er is blijkbaar iets belangrijks, maar...*
  - *U wilt het allerbeste voor uw dochter, maar...*

Vergeet niet om het aan je ouders te vertellen
Vroeger dreigden de leerlingen vaak met: *Ik ga het thuis vertellen.* Tegenwoordig ben ik ze voor. Dan zeg ik: *Vergeet niet het thuis te vertellen. Ik wil dat je ouders weten wat er gebeurd is.*

U hebt uw directie en uw collega's nodig

Hoort u dat in het lokaal naast u een oudergesprek uit de hand loopt? Ga ernaartoe. Probeer eerst luchtig: *Goeiemiddag samen, zal ik wat koffie voor jullie halen? Zal ik er ff bij komen zitten?*

Bij moeilijke gesprekken is uiteraard soms de directie aanwezig.

Een goede werkrelatie met de ouders opbouwen

In het bovenstaande is nog geen aandacht besteed aan de mogelijkheid om proactief te zijn. Een relatie opbouwen is belangrijk, ook met de ouders. Kunt u, *op het moment dat er nog géén conflict is*, met alle ouders van uw (mentor)klas telefonisch tien minuten bellen?

U vertelt kort wie u bent, hoe u bereikbaar wilt zijn (via de schoolmail, geen WhatsApp), etc. U zegt dat u bij echte problemen laagdrempelig wilt zijn, dat u wellicht een telefonisch spreekuur hebt, etc. U vraagt of de ouders speciale vragen (wensen?) hebben. En u zegt dat u ernaar uitkijkt hen op een ouderavond in levenden lijve te ontmoeten.

U zult veel voordeel hebben van deze kleine investering.

2 Hoe stelt u grenzen aan lastige ouders?

Het is ideaal als de ouders en u het met elkaar eens kunnen worden. Maar als dat uiteindelijk niet lukt, dan hebt u uw eigen verantwoordelijkheid. Net als in de contacten met leerlingen: dan moet u begrenzen.

Zoals in dit vrolijke – waargebeurde? – voorbeeld met de vader van Kees:

Kees hoeft zijn strafwerk niet te maken
Een docent krijgt een briefje: *Kees hoeft van mij zijn strafwerk niet te maken.*
Afz. *De vader van Kees.*

De docent stuurt een briefje terug: *Kees hoeft van mij niet af te wassen.*
Afz. *De meester van Kees.*

BEGRENZEN –A– Als ouders het gedrag van hun kind bagatelliseren

- Ouders: Hij zegt wel eens brutale dingen, dat moet toch kunnen?
  Nee, veel kinderen zeggen dit nooit en we willen dat ook niet. Ik wil dat hij beleefd praat. Tegen u en tegen ons... gewoon gehoorzaamt... niet meer dat soort woorden gebruikt.
- Ouders: Het was alleen maar een heel klein mesje...

Ook dat willen we niet hier op school. We willen niet dat iemand een mes meeneemt.

- Ouders: Alleen maar een beetje schelden... Dat kan je toch geen racisme noemen...
  Wij vinden van wel. Deze woorden willen we niet hier op school.
- Ouders: U neemt het wel heel erg zwaar op...
  Ja, inderdaad, we vinden dit erg belangrijk.
- Ouders: Seksisme is wel een groot woord...
  Ja, we noemen het zo en we willen dit niet.
- Ouders: Thuis praten we ook zo over Marokkanen, over Joden, over Hollanders.
  Op deze school willen we dit soort woorden absoluut niet. Ik hoor dat u het niet zo erg vindt, wij wel.
- Eventueel: *Als u het hier niet mee eens bent, dan is dit misschien geen goede school voor u.*

Een woedende vader is mijn klas ingestormd. Hij eist luid dat hij het, door mij afgepakte, mobieltje van zijn dochter wil hebben. Ik steekt mijn hand uit. *Ik dacht al dat u daarvoor gekomen was. Laten we even naar de gang gaan, sommige kinderen schrikken hier zo van.* En ik loop meteen voor de vader de klas uit.

BEGRENZEN –B– Confronterend of indirect. Stijlverschillen

U kunt een keuze maken tussen een meer direct confronterende en een meer indirecte stijl. Per vader of moeder maakt u een keuze.

Directe, meer confronterende stijl	Meer indirecte stijl
Tegen roddelende ouders *Ik heb het idee dat u een van de ouders bent die op het schoolplein negatieve verhalen vertelt over de school. Zou ik u mogen vragen dat niet meer te doen...*	**Tegen roddelende ouders** *Er zijn ouders, die vertellen elkaar vervelende verhalen over de school. Als u dat hoort, zou u willen vragen of ze die dingen tegen ons willen zeggen?*
Ouders die thuis negatief over u praten *Ik hoor van uw zoon dat u negatief over mij en de school praat. Wij merken dat een kind daardoor minder gemotiveerd raakt voor school. Ze voelen zich dan niet meer loyaal aan u als ze hun best doen op school.*	**Ouders die thuis negatief over u praten** *In sommige gezinnen wordt thuis op een negatieve manier gepraat over leraren. Dat is jammer want wij merken dat kinderen daardoor op school vaak minder gemotiveerd raken. Als u iemand kent... vragen om... niet meer doen?*
U weet dat hun kind te laat naar bed gaat *Ik hoorde dat uw zoon mag kijken naar programma x op de tv. Dat is zo laat, dan is hij hier op school niet uitgeslapen.*	**U weet dat hun kind te laat naar bed gaat** *Sommige kinderen gaan echt te laat naar bed, ik hoor dan welke tv-programma's ze gezien hebben. Soms ligt zo'n kind dan half te slapen in de les.*

U hebt een vernieling op camera. Ouders: Dat doet mijn kind niet. Dat is gefotoshopt *Ik snap best dat u het vervelend vindt maar de beelden spreken voor zich. De schade is € 150. Bent u verzekerd?*	**U hebt een vernieling op camera. Ouders: Dat doet mijn kind niet. Dat is gefotoshopt** *Ik zou het ook vreselijk vinden als mijn kind zoiets deed. Maar soms laten ze zich meeslepen door anderen. En je kan niet alles weten van je kind. De schade is € 150. Bent u verzekerd?*
Kind zegt 'Ik maak je dood' *Uw zoon zei gisteren: 'Ik maak je dood.' Dat willen we absoluut niet hebben.*	**Kind zegt 'Ik maak je dood'** *Er zijn kinderen die... Dat willen we niet. Als u dat thuis ook hoort, wilt u ons helpen?*
Jongen betast meisje *Uw zoon heeft deze week... Als dat nog een keer gebeurt, dan halen we de politie erbij.*	**Jongen betast meisje** *Er zijn op school jongens die aan meisjes zitten. Dat willen we absoluut niet. Soms moeten we zelfs de politie erbij halen, eigenlijk willen we dat helemaal niet.*

Vindt u zichzelf bij de indirecte manier vals? Bij sommige ouders is dit de enige manier om hen te bereiken.

BEGRENZEN –C– Lastige situaties

a. Een impulsapp: *Ik denk dat u niet geschikt bent voor dit vak*

Een moeder heeft u zaterdagavond laat een 'impulsapp' gestuurd. Ze eindigt met: *Ik denk dat u niet geschikt bent voor dit vak. En trouwens de andere ouders denken er ook zo over.* U staat sterker als ú het initiatief neemt voor een gesprek!

- Wat niet kan: *Na deze app wil ik u nooit meer zien/uw kind niet meer in de klas hebben.*

- Wat niet of nauwelijks kan: *Ik wil dat u eerst uw excuus aanbiedt.*
- Kunt/wilt u dit zeggen? *U stuurde me zaterdagavond een app dat u me niet geschikt vindt voor dit vak en dat andere ouders er ook zo over denken. Voor dit soort belangrijke onderwerpen is een app eigenlijk niet geschikt. Dan zou ik het prettiger vinden als we een afspraak maken, dan kunnen we het erover hebben. (Ik geef u respect en ik wil dat u mij ook respecteert.)* U herhaalt dus letterlijk de beledigende tekst uit de app. Dat maakt u sterk.

> Na een impulsapp van een moeder nodigde ik beide ouders uit. Ik wilde ze allebei spreken. Ik las rustig haar mail voor. De vader siste tussendoor een paar keer tegen zijn vrouw: *Dat kan je niet maken, dat kan je niet maken.* Ik las gewoon rustig door. Opeens brak de vrouw in tranen uit: *Ik kan het niet meer aan, mijn vader is aan het dementeren...*

b. Als ze geen verwijzing krijgt naar de havo, dan begin ik een proces

U: *Ik begrijp hoe ontzettend belangrijk u de havo voor haar vindt. Laten we het er (nog een keer) over hebben. En uiteindelijk staat het u natuurlijk vrij om het hogerop te zoeken. U kunt het adres van de Inspectie* (niet cynisch worden) *op onze site vinden.*

c. Ik geef mijn kind een mes mee naar school. Hij moet zich kunnen verdedigen

Ik begrijp het, u bent bezorgd, u wilt dat uw kind zich moet kunnen verdedigen. Dat is ook belangrijk, er zijn soms gevaarlijke situaties. Dat begrijpen wij. Maar u moet weten dat wij absoluut niet willen dat hij op school komt met een mes. Als dat gebeurt dan móeten we de politie bellen. Dat willen we niet, maar we zijn strafbaar als wij dat niet zouden doen.

3 Bedreigd door ouders

- *Jij gaat voor een havoadvies zorgen, goed begrepen?*
- *Ik doe je wat aan als je...*
- *En anders trek ik de kop van je romp.*
- *Ik procedeer je kapot als je...*
- *Ik kan hiermee naar de inspectie gaan.*
- *Ik kan iedereen vertellen dat je aan de drugs bent.*

U kunt op veel verschillende manieren bedreigd worden. Dat kan subtiel gebeuren of heel openlijk. U kunt fysiek bedreigd worden of bedreigd worden met vervelende tijdrovende consequenties. In alle gevallen is het voor uw reactie van belang of de bedreiging voortkomt uit frustratie of uit doelbewuste intimidatie.

Frustratieagressie en intimidatieagressie
U hebt op school meestal te maken met bedreigingen die het gevolg zijn van frustratie. Vaak helpt het dan als u begrip voor de emoties toont. Er zijn echter ook doelbewuste bedreigingen, om u onder druk te zetten, om u te intimideren. Dan ontkomt u er niet aan om stevig een grens te stellen.

A. BEDREIGING UIT FRUSTRATIE:

U geeft ouders het slechte nieuws dat hun kind niet overgaat. Ze reageren bijv. met: *Dat pik niet, ik sla de boel in elkaar als dat gebeurt*. Zelfs een zin zoals: *En ik weet waar je woont...* kan gezegd worden uit frustratie. Dat moet u inschatten. Als u voelt dat de bedreiging uit frustratie voortkomt, dan is meeveren belangrijk (judo): *U bent ontzettend teleurgesteld en kwaad, dat begrijp ik. Dit is een tegenvaller voor u. U had dit niet zien aankomen. U had iets heel anders verwacht.*

NB Bij sommige individuen en groepen is *...dan sla ik de boel in elkaar*, zelfs *Ik maak je dood** geen bedreiging maar alledaagse omgangstaal. Dan kunt u ervoor kiezen het klein te houden: *Hè, wat klinkt dat naar. Een ander zou daar bang van kunnen worden. Die zou zich bedreigd kunnen voelen. Dat bedoelt u niet, dat weet ik ook wel. Wat u enorm tegenvalt is dat uw zoon...*

B. BEDREIGING UIT INTIMIDATIE:
Dezelfde woorden kunnen met een andere intonatie ook bedóeld zijn om u te intimideren.

- *Als jij dit* (ongeoorloofd verzuim) *bij leerplicht gaat melden, dan kom ik je 's avonds thuis opzoeken, en dat wordt dan geen leuk bezoekje.*
- *...dan sla ik je kop van je romp.*
- *Ik ben nu nog rustig, ik sta niet voor mezelf in als ik echt kwaad word.*

U kunt bij intimidatie één keer zoiets zeggen als: *U bent heel kwaad, dat snap ik. U zegt ook dingen die ik bedreigend vind en dat wil ik niet. Laten we het nog een keer*

* Over *Ik maak je dood*: Zie *Korte lontjes*, blz. 15 en *Respect*, blz. 47. Voor het 'tegenovergestelde', de keurig formulerende juridisch assertieve ouders, zie een volgend hoofdstuk.

hebben over de vakantie van Sem. U geeft hiermee de ouder een kans om terug te schakelen. Als het dreigen dan toch doorgaat, dan hebt u geen andere keus dan duidelijk een grens te stellen: *Ik bespreek dit met de directie, ik stop nu met dit gesprek.* U staat op. U meldt het inderdaad bij de directie. Afhankelijk van de omstandigheden meldt de directie het bij de politie.*

Of u reageert metéén met een grensstelling.

Op rustige toon: *Dit is een bedreiging. Dit wil ik niet. Ik bespreek dit met de directie. Ik wil dat u de school verlaat.* En dan gaat u rustig weg, u hebt de regie.

Of, nog rustiger: *Ik wil niet dat u dit tegen me zegt. Ik zal dit bespreken met/vertellen aan de schoolleiding. Ik wil dat u de school verlaat.* En u gaat weg.

Veel meer escalerend zou zijn als u geagiteerd zegt: *HOE DURFT U ZO TEGEN MIJ TE PRATEN, DIT PIK IK NIET. IK LAAT ME NIET DOOR U BEDREIGEN. WIE DENKT U WEL DAT U BENT. IK HEB HET GEHAD MET U. U HOEFT NOOIT MEER... ERUIT, NU!*

Een docente met veel rustig gezag zei onlangs tegen een bedreigende vader: *Ik wil niet dat u zo tegen me praat. Dit gaan we opnieuw doen. U gaat nu weer even de deur uit dan beginnen we opnieuw.* Het werkte. Ze heeft letterlijk nooit meer last gehad met deze vader.

* Laat de schóól de melding bij de politie doen, doe het liever niet zelf. De school wordt dan het 'domicilieadres'. Het grote voordeel is dat uw privéadres niet in een eventueel proces verbaal komt. Niet alle directies werken hier echter graag aan mee.

De bedreiging heeft vaker een intimiderende bedoeling, als de ouders:

- opeens beheerst zachter praten,
- bijna onderkoeld rustig praten,
- elk woord benadrukken,
- u strak aankijken,
- soms met hun vinger naar u wijzen,
- u strak blijven aankijken als ze uitgepraat zijn.

Vijf aandachtspunten bij bedreigingen:

1. Welke typen reacties zijn er?

- *Vechten*: *Wie denkt u wel niet dat u bent?* Dit is 'vernietigend' begrenzen.
- *Verstijven, verstarren*: schrik, angstogen, in elkaar krimpen.
- *Vluchten*: weg willen, wegfantaseren, wegkijken, klein worden.
- *Verbinden*. Waardevol bij een frustratiebedreiging. *Ik zie dat dit u tegenvalt.*
- *Verbindend begrenzen*. Waardevol bij intimidatie. *Ik wil niet dat u mij bedreigt. We praten een andere keer verder. Ik stop nu met dit gesprek.*

De meeste docenten zijn waarschijnlijk geneigd om te vluchten of te verstijven, ik, HK, ook. Het helpt als u dan rustig diep ademhaalt of gaat bewegen: *Ik haal even een glaasje water. (Zal ik voor u ook...?)*

U kunt dus:

a. *Vernietigend begrenzen: Hoe krijgt u het in uw bolle kop om...*

b. *Koud begrenzen: Dit accepteer ik niet. Ik stop dit gesprek.* En u stapt op.
c. *Verbindend begrenzen: Ik begrijp dat u teleurgesteld bent en erg boos. En wat u net zei, deed is voor mij onaanvaardbaar. Ik stop dit gesprek.* En u stapt op. Verbindend begrenzen is vooral in het onderwijs belangrijk: u komt de ouders immers 'morgen' weer tegen, u moet met ze verder. Bovendien hebt u hun kind in de klas.

Tip: Als u begrenst, let erop of u nog in verbinding bent met de ouder. Of u de menselijkheid van de ander nog voelt.

2. Formeel, afstandelijk taalgebruik

Veel mensen worden als ze bang zijn formeel en afstandelijk: *Dan meld ik dit bij de politie... voel ik me verplicht om... u stelt zich nu brutaal op... is niet acceptabel...* Vooral laagopgeleide ouders voelen zich hierdoor vaak gekleineerd. Ze voelen dat u de baas wilt spelen met moeilijke woorden: *Gebruik je moerstaal.*
Wat zegt u?
Ik beëindig nu dit gesprek.
Ik stop nu dit gesprek.
Ik stop nu met praten.

3. Als ouders te dicht bij u komen

U voelt zich waarschijnlijk bedreigd als boze ouders in uw persoonlijke ruimte komen. U kunt een stapje achteruit doen en zeggen: *Ik vind deze afstand prettiger.* U neemt dan op een rustige manier de regie. Het klinkt veel prettiger dan: *Zou u a.u.b. afstand willen houden?* Of: *Ik wil niet dat u zo dichtbij komt.*

4. De ouders de school uit sturen?

U hebt juridisch de mogelijkheid de ouders de school uit te sturen. Als u tweemaal zoiets zegt als: *Ik wil dat u de school verlaat, ik wil dat u weggaat*, de formulering is niet van belang, dan moeten de ouders de school (en het schoolplein) verlaten. En anders maken ze zich schuldig aan lokaalvredebreuk. Maar zo ver moet u het natuurlijk 'nooit' laten komen. Zie artikel 139 van het Wetboek van Strafrecht.*

5. Pas op: Ouders zijn lang niet altijd onredelijk!

Ga na of u hun bedreigende gedrag hebt bevorderd.

- Als u zich niet aan afspraken hebt gehouden...
- Als u (alweer) niet op tijd bent...
- Als u voor de ouders alleen een kleuterstoeltje hebt...
- Als u regelmatig zinnen gebruikt zoals:
  U moet dat anders zien. U ziet dat verkeerd.
  Luister, u moet zich daar niet zo druk over maken.
- Als u zich niet voorbereid hebt, als u liegt, etc.

Docenten systematisch vernederd

Op een basisschool in Den Haag werden docenten regelmatig door ouders vernederd en bedreigd. Onder de vroegere directie was dat steeds verder uit de hand gelopen. De nieuwe directeur beschermt zijn

* *Artikel 139. Hij die in een voor de openbare dienst bestemd lokaal wederrechtelijk binnendringt, of, wederrechtelijk aldaar vertoevende, zich niet op de vordering van de bevoegde ambtenaar aanstonds verwijdert, wordt gestraft met gevangenisstraf van ten hoogste drie maanden of geldboete van de derde categorie.*

personeel. Hij stond vanaf de eerste dag in de hal waar de ouders hun kinderen kwamen ophalen. Hij nam al heel snel een van de ouders apart: *Goeiemiddag, ik ben de nieuwe directeur. Ik begrijp dat er iets is... Dit is mijn huis. Ik wil dat er in mijn huis op een respectvolle manier met mijn leerkrachten wordt gepraat. Ik zal erop toezien dat u ook netjes behandeld wordt.* Rustig en overtuigd. Stevig grenzen stellen zonder vijandigheid.

4 Dwingende ouders

Dat is jouw taak! Daar moet jij voor zorgen!!
Dit is dwingende taal. U móet het doen lijkt het.

Misschien bent u geneigd om meteen terug te meppen: *Hoe komt u dáárbij, het is úw schuld, ú had...* Misschien zou u willen wegvluchten, misschien verstart u. U herkent de drie primaire manieren van reageren: *vechten, vluchten* en *verstijven.*

Als u niet primair maar professioneel wilt reageren, dan is dit van belang:
A. Is het frustratieagressie? Dan gaat u *verbinding* zoeken.
B. Is het intimidatieagressie, dan gaat u *verbindend begrénzen.*

A. *U MÓET DAT DOEN.* Uit FRUSTRATIEagressie: paniek, bezorgdheid, wanhoop.
U bent een echte professional als het u lukt om, ook als u zich aangevallen voelt, te reageren met verbinding zoeken. U beseft dan dat u docent bent, u hebt een taak.

* *Dit is heel belangrijk voor u, ik zie het. U wilt het meteen opgelost hebben.*
* *Goed dat u ermee komt, dan kunnen we het er meteen over hebben.*
* *Ik zie dat het dringend is. We maken nu meteen een afspraak want op dit moment kan ik niet.*
* *Ik zie dat het belangrijk is, ik haal er even een collega bij.*

Als u voelt dat u geneigd bent te vluchten of te verstijven: haal rustig adem, ga bewust met uw aandacht naar de ouder toe. Als u zich voelt verstijven: beweeg, knik met uw hoofd *(Ik heb u gehoord)*. Glimlach. Of sta op: *Ik weet even niet wat ik zeggen moet, ik pak even een kop koffie. Wilt u koffie of thee?* Dan koopt u tijd.

Ga niet mee in het snelle praten van de ander. Blijf zelf rustig. Ga niet mee in hun extreme taal of in hun snelle gespreksafwisseling. Als u dat zou doen, dan heeft die ouder de regie.

Op dit moment van zeer hoge emoties is het meestal niet handig om te zeggen: *Ik zie dat u boos bent*. De ouders komen niet voor gevoelens, ze vinden dat er iets belangrijks opgelost moet worden.*

Hoe gaat dit gesprek verder? Dat hangt van de omstandigheden af.

U bent (half) in gebreke gebleven. U had een brief moeten versturen, extra studiehulp moeten verzorgen, etc. Dan biedt u uw excuus aan. *U hebt gelijk, ik had het moeten doen. Ik heb er ook eigenlijk geen goede reden voor behalve drukte, mijn excuus. Ik doet het alsnog zo snel mogelijk. Goed dat u gekomen bent.*

Wilt u ook nog iets zeggen over de dwingende toon en over het 'jij' en 'jou'? Ik raad u aan dat een andere keer te doen. Het lijkt er anders op alsof u toch nog uw gelijk wilt halen.

Het kan ook zijn dat u vindt dat u wél voldoende

* U kunt wel op een rustiger moment later in het gesprek zeggen: *Ik merk dat u nog steeds kwaad bent. Ik wil dat snappen. Wat maakt dat u nog steeds kwaad bent?*

huiswerkhulp hebt gegeven maar dat de ouders het onvoldoende vinden. *U vindt dat ik te weinig extra hulp heb gegeven. U had meer gewild, dat hoor ik goed. We hebben allebei hetzelfde belang, namelijk dat het Luna goed gaat. Luna is belangrijk voor me, ik kan u verzekeren... Ik voel het als mijn taak haar alle hulp te geven die ze nodig heeft. En dat heb ik echt gedaan. Het spijt me dat u dat onvoldoende vindt...*

U kunt mijn kind niet motiveren.
'U moet ervoor zorgen dat mijn kind gemotiveerd is' is dan ingewikkelder. Dan is de beschuldiging dat het u niet lukt het kind te motiveren voor school/voor uw vak.

Ik hoor goed dat u vindt dat het mijn taak is uw kind te motiveren voor school. Ik vind dat zelf ook. Het lukt me bij veel kinderen. Maar bij Vincent wil het niet lukken, al een halfjaar niet. Hebt u een idee wat er aan de hand kan zijn waardoor...

Fatiha vindt wiskunde niet leuk en u vindt dat het mijn taak is ervoor te zorgen dat ze het wel leuk gaat vinden. Ik geef mijn lessen enthousiast, ik geef leuke voorbeelden maar en uiteindelijk bepaalt Fatiha zelf of ze zich laat pakken door wiskunde. Fatiha zegt soms: 'Bij ons thuis zijn we allemaal slecht in rekenen en wiskunde, dat kunnen wij gewoon niet.' Dat zit zo diep bij haar. Zegt u dat soort dingen thuis wel eens tegen haar?

Vrienden en bijbanen zijn veel belangrijker.
Het is inderdaad mijn taak om de leerlingen enthousiast te maken voor school, om ze goed les te geven, daar hebt u gelijk in. En dat doe ik ook. U zult thuis ook wel merken dat de zuigkracht van het mobieltje en van vrienden en vriendinnen enorm groot is. En hij wil geld verdienen voor

een nieuwe scooter, heeft hij me verteld. Dat is op dit moment veel belangrijker voor hem. Voor een paar leerlingen is school op dit moment totaal onbelangrijk. Hebt u een idee wat u of ik daaraan kan doen?

Dat pesten moet stoppen, daar moet jij voor zorgen.

Ik kan me voorstellen dat u hiervoor naar school komt. Ik zie dat Pim het er heel erg moeilijk mee heeft. Al drie maanden proberen we iets aan dat pesten te doen en het lukt ons niet om het te laten stoppen. Het gebeurt op een stiekeme manier in de klas maar ook op het plein, op weg naar school. We krijgen er geen vinger achter.

Ik zou als moeder ook wanhopig worden als dit mijn kind overkomt. Weest u er zeker van, we blijven erop letten.

Dit is de derde keer deze maand dat u hiermee komt, ik voel uw wanhoop. Laten we er (nog een keer) met de directeur over praten, wij samen komen er, lijkt wel, niet uit.

Liam móet een andere plek in de klas.

U wilt dat Liam meteen, morgen al, een andere plek krijgt in de klas. Ik heb u verteld dat dat in de klas voor veel onrust zou zorgen. Dat is voor mij een belangrijke afweging. Ik blijf over uw argumenten nadenken, tot zolang houdt hij dezelfde plaats. Ik wil wel graag een belafspraak met u maken om het er nog over te hebben.

B. *U MÓET DAT DOEN.* Uit INTIMIDATIEagressie: doelbewust imponeren, dreigen.

Bij intimidatieagressie kunt u éénmaal verbinding zoekend reageren zoals hierboven. Daarna is er dan een duidelijke begrenzing nodig. U kunt beschadigend begrenzen of verbindend begrenzen.

Vernietigend, beschadigend begrenzen (*Eruit, nu. Geen wonder dat uw vrouw bij u weggegaan is. Ik had u slimmer ingeschat*) is in het onderwijs zelden slim: u moet de volgende dag door met de ouders én u hebt hun kind in de klas.

Bij verbindend begrenzen voelt u zich tijdens het grens stellen letterlijk in verbinding.

Ik hoor goed dat u vindt dat ik uw kind moet motiveren. Ik doe al een paar maanden mijn uiterste best. Dit is het maximum wat ik kan doen. Hebt u een idee hoe ik dat nóg meer kan doen?

U zegt 'je' en 'jij' en 'juffie' tegen me. Dat vind ik kleinerend. Als u daarmee doorgaat stop ik dit gesprek.

U praat nu op een dwingende manier tegen me. Dat wil ik niet. Ik zal ook niet accepteren dat iemand zo tegen u praat. Ik stop nu dit gesprek. En u stopt.

5 De regie houden, hulpzinnen

Wanneer en hoe brengt u uw eigen mening naar voren?

Ouders moeten zich begrepen voelen.

Dat u hen begrijpt, snapt, betekent echter niet dat u het met hen eens hoeft te zijn. Die overgang in het gesprek, van luisterend zijn naar uw eigen mening zeggen, is vaak lastig.

Misschien helpen deze zinnen u:

Ik begrijp wat u bedoelt. Mag ik u vertellen hoe ik hier tegenaan kijk? (~~Zal ik u vertellen~~...)

Ik hoor goed wat u zegt over Nora. Mag ik u vertellen hoe ik Nora ervaar? ... wat ik van Nora zie? (~~wat ik van haar vind~~)

Ik hoor wat u daarvan vindt. Wilt u horen hoe ik daartegen aankijk? (~~wat ik vind~~)

Door het gebruik van bovenstaande zinnen vraagt u steeds toestemming om úw kant van de zaak te laten horen. Dat leidt vaak tot een grotere betrokkenheid van de ouders. Aan de reactie op deze vraag hoort u ook óf de ouders al zover zijn dat ze naar uw mening kunnen luisteren. Als ze er nog niet aan toe zijn úw kant te horen, dan is het nodig dat u opnieuw luistert naar hun standpunt of gevoel. U móet de regie hebben, u zorgt er zo voor dat u ook gehoord wordt.

De ouders zijn nog steeds ontevreden:

Er zit u nóg iets dwars merk ik.

Goed dat u erop terugkomt.

U wilt het gesprek in een andere richting sturen:
Mag ik u iets (heel) anders voorleggen?
Vind u het goed dat ik daar nu iets anders over zeg?

U wilt afronden:
Zullen we de agenda's pakken om te kijken...
Ik vond het een goed gesprek, ik ben blij dat u kon komen.
Is er nog iets anders dat u wilt bespreken?
Is alles besproken?

NOG MEER 'REGIE'ZINNEN*:
Vindt u het goed als ik daarop reageer?
Daar wil ik graag op ingaan, is dat oké voor u?
Zullen we het erover hebben hoe we hiermee om kunnen gaan?
Is dit een goed moment om daarop in te gaan?
Zullen we eens kijken wat ik daarmee kan?
Ik heb erover nagedacht, komt dat u nu uit?
Zijn er nog andere zaken die u wilt noemen?
Kan ik wat toelichten?
Dit zet mij aan het denken.
Ik wil daar graag op reageren. Kan dat nu?
Hoe zullen we verdergaan?
Ik weet even niet wat nu handig is om te doen?
Zou u een oplossing weten?
Tja, wat kunnen we nu het beste doen?
Zou ik wat mogen toevoegen/aanvullen op wat u vertelt?
Ik denk even na over wat u hebt verteld.
Mag ik hierover iets zeggen, opmerken?
Waar zit ú nu aan te denken?

* Regiezin, verbindingszin, aftastzin, overbruggingszin, bruggetje, checkzin. Met dank aan de creativiteit van Jeroen van Veenendaal.

Terugblikkend:

* Voorafgaand aan bovenstaande regiezinnen is het vaak waardevol om eerst samen te vatten wat de ouder heeft gezegd.
* Na bovenstaande checkvraag laat u een stilte vallen. U luistert, u tast af of de ander ook zover is om uw kant van de zaak te horen.
* Als u merkt dat u te snel bent (met úw mening naar voren te willen brengen): ga opnieuw aandacht besteden aan wat de ouder nog steeds dwarszit of waarin deze zich onvoldoende gehoord voelt.
* Als u hoort dat de ouder akkoord gaat, dan weet u dat uw woorden gehoord zullen worden. U hebt de betrokkenheid vergroot.

6 Hoe geeft u slecht nieuws aan ouders?

Direct en indirect

De manier waarop leraren slecht nieuws geven verschilt, vooral in hun mate van directheid. Tegelijkertijd hebben ook ouders een 'voorkeur'. Als u daar te veel van afwijkt, dan kunnen de ouders het slechte nieuws niet horen. Gemiddeld lijkt het volgende waar:

* Mannen zijn vaker direct dan vrouwen;
* Jongeren zijn vaker direct dan ouderen;
* Autochtonen zijn vaker direct dan migranten;
* Nederlanders zijn vaker direct dan Belgen;
* Politieagenten zijn vaker direct dan leraren;
* Randstedelingen zijn vaker direct dan Brabanders en Friezen;
* Brabanders zijn vaker direct dan Limburgers.

U begrijpt dat het effectief is als u uw manier van slecht nieuws geven afstemt op die van de ouders.

Je broek staat open -1-

Een vrolijk voorbeeld.

Onlangs stond ik voor een groep. Een cursiste zei: *Je broek staat open* (zonder in die richting te kijken). Ik realiseerde me later dat *Je gulp staat open* wel duidelijker en directer was geweest, wijzen ook, maar dat ik haar indirecte formulering toch prettiger vond. Die kon ik beter horen.

De ouders komen naar school, hun zoon heeft zich misdragen
U kunt kiezen voor een directe of meer indirecte stijl.

Directe stijl: *Goedemorgen, fijn dat u er bent. (U kon het vinden? Laten we ter zake komen.) We weten allebei waar het over gaat. Kees heeft de laatste maanden veel gespijbeld... veel onvoldoendes.*

Indirecte stijl: *Goedemorgen, fijn dat u er bent. U kon het vinden? Kees is een leuke jongen, ik moet vaak erg om hem lachen. Hij is soms erg slim, dan weet hij dingen... Maar we maken ons ook zorgen, eigenlijk wel grote zorgen. Daarom ben ik blij dat u er bent. Ik heb met een paar collega's gepraat en van hen hoor ik ook dat hij veel spijbelt... onvoldoendes... onbehoorlijk gedrag... Ik zou graag met u willen bespreken wat u en wij het beste kunnen doen.*

Je broek staat open -2-
Ik herinner me dat het minstens een seconde duurde voor ik begreep wat ze bedoelde. In zoverre was een meer directe communicatie effectiever geweest. Maar ik zou me dan veel meer geschaamd hebben. Nu behield ik meer mijn waardigheid.

In de beschrijving van het vorige kader had ik zelf duidelijker, directer kunnen zijn:

- In de titel: Je broek staat open → bijv. De open gulp
- zonder *in die richting* te kijken → zonder *naar mijn gulp* te kijken
- (wijzen ook) → naar mijn kruis wijzen ook

Ik vermoedde dat dit voor u, de lezer(es), te grof, te direct zou zijn geweest. Ik koos voor meer indirecte taal. Dan kon u het beter 'horen', schatte ik in.

Wat gebeurt er bij de directe en de indirecte stijl?

Bij indirecte communicatie (links) gaat u via een relationeel verzachtende omweg (of door verzachtende, diplomatieke woorden) naar de moeilijke boodschap toe. Directe communicatie (rechts) start met de moeilijke boodschap, daarná komt de emotionele afwikkeling. Soms wordt een sandwichmodel gebruikt: 'kort' relatie leggen, dan het slechte nieuws en dan de emotionele en zakelijke afronding.

Mensen die indirect communiceren hebben er behoefte aan dat zij, langer dan directe mensen, worden voorbereid op het slechte nieuws. Ze weten vaak wel dat er slecht nieuws komt, maar het is voor hen pijnlijk als dat grof wordt gegeven. De pijn wordt ingebed in een warm relatiebad. De keuze voor verzachtende woorden heeft hetzelfde effect.

Wat zou u de voorkeur geven bij extreem slecht nieuws? Stel dat thuis uw kleuter al een paar uur spoorloos is, u hebt inmiddels de politie gebeld. Na een paar uur komen er twee agenten aan de deur. Wat zou u willen dat zij zeggen?

Directer: *U begrijpt wel waarvoor we komen. Laten we het maar meteen zeggen...*

Indirecter: *Mogen we binnenkomen? We moeten u iets ernstigs vertellen. Wilt u er iemand van de familie bij halen... Wilt u een glaasje water?*

Bij de Immigratiedienst

Bij de IND vertelt een vrouw haar vluchtverhaal. De IND'er zit achter een pc en noteert wat ze zegt. De vrouw start voorzichtig, ze test als het ware of ze deze ambtenaar wel kan vertrouwen met de kwetsbare dingen die ze moet gaan zeggen. Ze heeft er zelf moeite mee om de schaamtevolle gebeurtenissen letterlijk uit te spreken.

De kans bestaat dat de ambtenaar al heel snel denkt: kom eindelijk eens ter zake, ik heb geen uren de tijd.

Hoe oordelen mensen over elkaars directe en indirecte stijl?

Wie een voorkeur heeft voor de directe stijl noemt die eigen stijl eerlijk, rechtdoorzee en duidelijk. Zo iemand zal zeggen: *als ze de waarheid niet willen horen, dan moeten ze het me ook niet vragen.* Wie daarentegen de indirecte stijl prettiger vindt, noemt die eigen stijl diplomatiek, beschaafd, netjes en wellevend. Beiden vinden hun eigen stijl normaal.

U begrijpt dat de directe stijl door de andere partij als grof, ongemanierd en vaak als beledigend wordt ervaren. Net zo vinden mensen die een voorkeur hebben voor de directe stijl de anderen omslachtig, indirect, leugenachtig of onduidelijk.

Zo heeft het woord 'direct' voor de directe groep een positieve betekenis, het heeft een negatieve betekenis voor wie aan indirecte communicatie de voorkeur geeft. Wat de een nutteloze 'koetjes en kalfjes' noemt, is voor de ander een noodzakelijk relatieleggend onderdeel van het slechtnieuwsgesprek.

Een Amsterdammer woont sinds kort in Drenthe. Hij ontdekt dat een boer illegaal afvalstoffen in een slootje loost. Hij weet dat hij dat niet op een directe manier zeggen kan. Op een verjaardag laat hij foto's zien van dat slootje met schuim en dode vissen. *Heb je dat gezien, dat kan toch niet goed zijn?* Verder niets.
De boer later op de avond: *Ik zal eens kijken wat dat is met dat slootje.*
Dat bleek een indirecte bekentenis te zijn en een indirecte belofte van herstel.

Slecht nieuws als rouwproces
Als ouders slecht nieuws krijgen (uw kind misdraagt zich in de klas; moet van school af; mag niet naar de havo, etc.), dan zal dat vaak tot een soort rouwproces leiden. In het begin kunnen ouders het niet geloven (ontkenning), daarna volgt boosheid en pas daarna kan een vorm van acceptatie ontstaan. Die fasen zijn nauwelijks te vermijden.
U begeleidt dat proces.

- De fase van ontkenning:
  Ik begrijp dat dit een tegenvaller is. U had dit niet verwacht. U had iets heel anders verwacht. Als ik een kind had, zou ik ook…
  Om het slechte nieuws hoorbaar te maken, kunt u zeggen: *Het is moeilijk om in deze tijd kinderen op te voeden; ze zien op de televisie allerlei gekke dingen; je weet soms niet wat ze op internet doen, soms hebben ze verkeerde vrienden, ik zou het ook nauwelijks kunnen geloven als…* etc.
- Daarna zullen sommige ouders de tegenvaller internaliseren: die hebben verdriet.

U hebt het hier moeilijk mee, ik zie het. Ik kan me dat goed voorstellen. Dit is een tegenvaller voor u.

- Andere ouders externaliseren, worden boos of geven u de schuld.
  Ik zou in uw geval misschien ook boos worden. Dit is moeilijk voor u, dat snappen we. U vraagt zich af, hoor ik, of de schuld misschien bij de school ligt. Dat hebben wij ons ook afgevraagd... het er met een paar collega's over gehad... Wij denken dat we niet meer hadden kunnen doen.
- Pas als er enige acceptatie is, pas dan kunt u voorzichtig vervolgstappen bespreken. *We zijn ervan overtuigd dat dit het beste is voor uw kind.*

Drie valkuilen bij het geven van slecht nieuws!

- Te vaag.
  Sommige leraren blijven vaag. Waarschijnlijk omdat ze het pijnlijk vinden om de ouders het slechte nieuws te geven. Ze blijven eromheen draaien, zonder duidelijk te maken wat er precies aan de hand is. De ouders hebben echter duidelijkheid nodig. Wees dus, na de inleidende introductie, ook na de relationele omweg, zeer helder: *We hebben daarom besloten dat... Het is onmogelijk dat uw kind nog langer...*
- Onbewust om instemming vragen met een besluit.
  Het is echt Nederlands om onbewust instemming te vragen voor het slechte nieuws. U straalt dan uit: *Begrijpt u (ondertoon: kunt u instemmen) dat we die maatregel hebben moeten nemen? Snapt u dat ik niet anders kan dan...* Vooral 'zachte' docenten zijn geneigd dat te doen. Harde ouders ruiken dan hun kans, die voelen speelruimte. Ze weten dat ze met extra hardheid gaan winnen.

Leerkracht: *Wij vinden echt die andere school beter voor uw kind, begrijpt u dat?*
Ouders: *Nee, dat begrijp ik helemaal niet. En dat wil ik ook niet begrijpen... Jullie zorgen er maar voor dat...*

- Te direct.
  Waardoor worden sommige docenten superdirect? Soms om snel van hun lastige boodschap af te zijn. Door die meteen te zeggen, zijn zij ervan af. Hoe meer pijnlijk het nieuws is, des te meer overvallen zij de ouders ermee. Het belang van de ouders speelt dan een ondergeschikte rol.

Tot slot

In sommige communicatiecursussen wordt de directe stijl gepropageerd als de beste stijl. Ik vind dat niet juist. Een professional moet zowel direct als indirect kunnen communiceren. Bij een concrete vader of moeder schat u in bij welke mate van directheid/indirectheid uw slechte nieuws het beste overkomt.

In mijn bedrijf zou ik wel weten wat ik met u zou doen
Dat klinkt interessant, vertel

7 Uw kwetsbare kanten in contact met ouders

Ouders voelen hoe ze u kunnen bespelen. Dat doen ze meestal niet bewust, dat gaat vanzelf. Het is erg belangrijk dat u op zoek gaat naar uw kwetsbare kanten, anders hebt u er nog jarenlang last van.

- Gaat u zich klein voelen als ouders zich **superieur** opstellen?
  Zo meestertje. Zozo, dus u bent de juf van mijn zoon. Hoelang staat u eigenlijk al voor de klas? Is dit uw eerste school?
  Jammer dat de pedagogische academie niet zoveel meer voorstelt tegenwoordig.
  In mijn bedrijf zou ik wel weten hoe ik dit moest aanpakken.
  Daar kunnen we toch wel ff een regelinkje voor bedenken?
  Heb je dit in je leven nooit geleerd?
  Zullen we dan maar gewoon afspreken dat mijn zoon…
- Als **uw vakmanschap in twijfel** wordt getrokken
  Hebt u eigenlijk nooit aan een echt beroep gedacht?
  Is dit wel het goede beroep voor u?
  Het zou fijn zijn als u meer wist van moderne opvoedkunde.
  Voor een man is het onderwijs toch een soort van tweede keus.
- **Bang voor bedreigingen**
  We kunnen hier heel makkelijk een kort geding van maken.
  Dit is echt wel iets om een klacht over in te dienen bij de Inspectie, oudercommissie…

We zouden met een aantal ouders een andere school kunnen zoeken.

- Als u zich **als persoon aangevallen voelt**
  U doet altijd zo moeilijk over simpele dingen.
  Andere ouders vinden u ook niet geschikt.
  Ik zal niet zeggen wat er allemaal over u gezegd wordt, maar...
  Ik vind trouwens ook dat u er niet uitziet. Zo bent u toch geen voorbeeld?
  Nu ik u zie kan ik me voorstellen dat u ordeproblemen hebt... mijn kind zegt ook...
  Je ziet er gewoon lekker sexy uit, dat mag toch wel gezegd worden, toch?
- Als ouders subtiel **een bondje met u proberen te sluiten.**
  Zeg nou zelf, je kan collega x toch niet serieus nemen?
  Je hoeft niet te reageren, maar ik zou niet graag zo'n directeur boven me hebben
  Hoe is dat nou als man tussen die kakelende juffen

Wat kunt u doen op de lange termijn? Praat met collega's over uw kwetsbare kanten. Praat er thuis over. Ontken uw kwetsbare kanten niet, u bent zoals u bent.*

Alsof uw neus bloedt

Is dit uw eerste school?
Ja, merkt u dat? Ik moet echt nog veel leren.
In mijn bedrijf zou ik wel weten hoe ik dit aan zou pakken.
Dat klinkt interessant, vertel eens.

* Zie in *Machomannetjes* hoofdstuk 11 'Ze pakken je op je zwakste punt'.

Is dit eigenlijk wel het goede beroep voor u?
Ja, dit beroep past prima bij mij, dank u wel.
Ik hoor enige twijfel, vertel...
Andere ouders vinden u ook niet geschikt.
Zou u die ouders willen vragen contact met me op te nemen? Dat wil ik graag horen.
Het zou fijn zijn als u meer wist van moderne opvoedkunde.
Dat maakt me nieuwsgierig. Waar denkt u aan?
Ik zou een klacht kunnen indienen.
Ja, natuurlijk kan dat. Zullen we kijken of er misschien een andere manier is om...

Met zo'n dik lijf, dan bent u toch geen voorbeeld.
Ja, ik hou van lekker eten en van koken, dat ziet u wel. We hebben het over uw dochter...

Je ziet er gewoon lekker sexy uit.
Dank u, we hadden het over de rekenproblemen van Sem...

Of u confronteert de ouders
Zozo, dus u bent de juf van mijn zoon?
Ja inderdaad, ik ben haar leerkracht/docent. 'Juf' vind ik een beetje kleinerend klinken.
U doet altijd zo moeilijk over simpele dingen.
Dit zijn voor mij geen simpele dingen. Voor mij is dit belangrijk.
Die collega, die kan je toch niet serieus nemen?
Ik wil niet, ik vind het onprettig dat u zo over mijn collega praat.

Met zo'n dik lijf, dan bent u toch geen voorbeeld.
Mevrouw, ik voel uw minachting. (Ik vind dit beledigend.) Dan kan ik niet meer goed luisteren, ik stop voor vandaag dit gesprek. Of: *Dan wil ik niet meer naar u luisteren...*

Je ziet er gewoon lekker sexy uit.
Ik wil niet dat u zo over me praat. Ik ben de leerkracht van Sem.
Ja, maar, je bent gewoon lekker sexy, dat is juist een compliment.
Meneer, ik wil niet dat u zo over me praat. Ik ben de leerkracht van uw zoon. Ik stop dit gesprek.
Nou u bent wel heel gevoelig.
Terwijl u wegloopt, op rustige toon: *Dit wil ik inderdaad niet.*

NB Als u op uw vrouwelijkheid wordt gepakt, noem uzelf dan geen lerares of docente. U benadrukt dan uw functie door het neutrale 'leerkracht'.
NB Door te zeggen: *ik stop voor vandaag dit gesprek* begrenst u én u houdt de contacten open.

8 Uw angst voor ouders verminderen

Er is een manier om uw angsten voor bepaalde types ouders te verminderen. Als u de volgende vijf stappen volgt, vermindert u de scherpte van uw angst. Hieronder drie voorbeelden. De 'invulling' van de gevoelens is bij u uiteraard anders.

Agressieve ouders:

1. Schrijf eerst uw primaire klacht op (vaak in verwijtende, afkeertaal).
   Die ouders zijn agressief.
2. Herschrijf die klacht in ik-taal. U neemt daarmee uw verantwoordelijkheid. Het is immers úw klacht/beleving/ bewering/klacht/gevoel.
   Ik kan niet goed tegen ouders die agressief zijn.
3. Met welk aspect van hun gedrag hebt u vooral moeite?
   ... als ze luid schreeuwen... grove woorden gebruiken... op een dwingende toon praten.
4. Ga nu naar het gevoel.
   Dan voel ik me in elkaar krimpen. Dan verstar ik. Dan wil ik vluchten, een diepe angst, etc.
   Is er nog een diepere gevoelslaag? *Als klein meisje schreeuwde mijn vader zo. Dan ging hij daarna met deuren slaan...*
5. Praat er met collega's over:
   Ik voel me altijd klein worden als ouders tegen me schreeuwen. Heb jij dat ook? Wat doe jij dan?

Arrogante ouders:

1. Schrijf eerst uw primaire klacht op (vaak in verwijtende, afkeertaal).
   Die ouders zijn arrogant.
2. Herschrijf die klacht in ik-taal. U neemt daarmee uw verantwoordelijkheid. Het is immers úw klacht/beleving/bewering/klacht/gevoel.
   Ik kan er niet tegen als ouders arrogant zijn/zich arrogant gedragen.
3. Met welk aspect van hun gedrag hebt u vooral moeite?
   ... alsof ze mijn baas zijn... uitstralen dat de wereld van hen is... vanzelfsprekende autoriteit...
4. Ga nu naar het gevoel.
   Dan voel ik me in elkaar krimpen. Dan word ik weer het kleine kind van vroeger. Dan verdwijn ik. Dan wil ik vluchten, dan sla ik dicht, etc.
   Is er nog een diepere gevoelslaag? Bij mij (HK) wel:
   *Eigenlijk ben ik er ook jaloers op, ik zou ook wel zo zelfverzekerd willen zijn**.
5. Praat er met collega's over:
   Ik voel me altijd klein worden als ouders arrogant zijn. Ik ga me dan minderwaardig voelen. (En tegelijkertijd zou ik ook wel zo overtuigd zelfverzekerd willen zijn.) Herken je dat?

Ouders die twijfelen aan mijn deskundigheid:

1. Schrijf eerst uw primaire klacht op (vaak in verwijtende, afkeertaal).

* Op het moment dat ik onder mijn afkeer mijn jaloezie herken, op datzelfde moment moet ik glimlachen om mezelf en vermindert de afkeer. De felheid gaat eraf.

Die ouders verbeelden zich heel wat, ze twijfelen aan mijn deskundigheid.

2. Herschrijf die klacht in ik-taal. U neemt daarmee uw verantwoordelijkheid. Het is immers úw klacht/beleving/bewering/klacht/gevoel.
   Ik kan er niet tegen als ze mij/mijn kwaliteit niet serieus nemen.
3. Met welk aspect van hun gedrag hebt u vooral moeite?
   ... als ze doen alsof ik niet nadenk... geen opleiding heb... niet betrokken ben bij hun kind.
4. Ga nu naar het gevoel.
   Ik voel me dan aangevallen, ik ga aan mezelf twijfelen. Eigenlijk geloof ik dat ze gelijk hebben.
   Is er nog een diepere gevoelslaag? Bij mij (HK) soms wel: *Als ze zeggen dat ik slecht ben in mijn vak, dan voel ik eigenlijk dat ze zeggen dat ik als mens niks waard ben.*
5. Praat er met collega's over:
   Als ze me een nitwit noemen dan lijk ik dat op dat moment wel te geloven, ik ben dan even al mijn zelfvertrouwen kwijt. Herken je dat?

Verdwijnen de vroegere gedachten en gevoelens door deze vijf stappen?
Natuurlijk niet. Misschien vermindert u uw angsten met 30 procent. U kunt niet in korte tijd uw karakter veranderen. Maar u zult merken dat door bovenstaande de scherpte van de angst vermindert. U zult daardoor een beter gesprek met die ouders hebben.

Helpt het echt als ik het bovenstaande letterlijk ópschrijf?
Ja. Daardoor verankert u het dieper in uzelf. Het komt dieper binnen. Vergelijk het met het noteren

van huiswerk door uw leerlingen. Als ze op school het huiswerk zelf opschrijven, dan weten ze beter wat ze moeten doen. De kans wordt groter dat ze hun huiswerk gaan maken.

Waarom is het van belang om er met anderen over te praten?
Omdat u dan merkt dat veel collega's soortgelijke angsten ook hebben. Dan is het voor u beiden een enorme opluchting. En omdat u, door erover te praten, vanaf een afstand naar uzelf gaat kijken. U leert uw angstjes daardoor beter hanteren. En u gaat lol hebben om uw zelftwijfels: nu ben ik inmiddels volwassen en nog steeds...

Wat is de kern van deze aanpak?
U doet iets onverwachts met kwetsbare gevoelens. U gaat niet *vechten, vluchten* of *verstijven.* U gaat naar die gevoelens toe, u maakt er *verbinding* mee. Wat tússen mensen waardevol blijkt, is blijkbaar ook binnen uzelf waardevol.*

Nog een tip?
Wilt u preventief uw angsten verminderen? Zoek op een informeel moment die angst oproepende ouders op in plaats van ze te vermijden. Ga, tegen uw neiging in, juist met deze ouders een babbeltje maken. Het werkt!

* Deze stijl van omgaan met kwetsbare gevoelens is contra-intuïtief én levert u zeer veel op. Ik beschreef het veel uitgebreider in het hoofdstuk VIII 'Afkeer van leerlingen' in het boek *Machomannetjes. 99 tips...* Boeddhisten zeggen dat deze aanpak boeddhistisch is.

9 Ouders praten respectloos over de school*

Ik denk dat het schadelijk is als ouders op een respectloze manier over school praten. Ze brengen hun kind in een loyaliteitsconflict.

In veel gezinnen is het redelijk normaal geworden om aan tafel smalend over het onderwijs te praten. Met veel dedain wordt dan afgegeven op die leraren van tegenwoordig.

- *Wat een brief. Die leraren kunnen niet eens meer foutloos schrijven.*
- *Heeft de leraar dat gezegd? Zeg maar dat je het van mij niet hoeft te doen. En anders zeg je maar dat ik wel ff op school kom praten.*
- *Wat een onzin dat je dat moet leren, daar heb je echt niks aan.*

Het is uiteraard normaal als ouders het niet eens zijn met de school. Die kritiek mogen leerlingen ook best horen. Wat vooral van belang is, is of de toon respectvol is.

Ouders die thuis respectloos over de leraar, de leerstof of de school praten brengen hun kind onbedoeld in een loyaliteitsconflict. Hard werken voor school betekent dan een keuze tegen vader of moeder. Enthousiasme voor een leraar of voor een vak wordt een soort ontrouw aan de ouders. De betrokkenheid bij het leren wordt automatisch gedempt. De binding met de school wordt zwakker. Als ik gro-

* Dit hoofdstuk stond eerder in *Korte lontjes, 99 tips voor het omgaan met jongeren in de klas.*

te woorden gebruik: je best doen op school wordt een soort verraad aan de ouders, je wordt ze afvallig als je je inzet voor school.

Vergelijk het met de situatie waarin ouders respectloos over elkaar praten. Ook dat leidt tot een loyaliteitsconflict voor het kind. Gezellig praten met moeder wordt dan onbewust partij kiezen tegen de vader. Iets leuks aan vader vertellen wordt dan ontrouw, verraad, aan de moeder. De keuze voor de een wordt gevoeld als een keuze tegen de ander.

De ouders laten bovendien een prachtige opvoedkans liggen. Het is ontzettend leerzaam dat jongeren leren dat het mogelijk is het op een respéctvolle manier met de ander oneens te zijn. Jongeren kunnen dan leren wat het verschil is tussen kritiek hebben en respectloos minachtend zijn.

Waar komt de behoefte vandaan om smalend over het onderwijs te praten?

Voor ouders is het waardevol om na te gaan hoe het komt dat ze smalend over school praten.

- Is het een manier om solidariteit te tonen met je kind, *wij samen tegen de school*?
- Zetten ouders zich op die manier af tegen leraren waar ze vroeger als kind tegen opkeken? Dan zou het vergelijkbaar zijn met de manier waarop kinderen zich in de puberteit afzetten tegen hun ouders. Freud noemde dat de rituele vadermoord.
- Voelen upper class ouders zich verheven boven *die laagopgeleide* leraren? Honderd jaar geleden waren

onderwijzers en leraren gemiddeld veel hoger opgeleid dan ouders van hun leerlingen. Ze behoorden tot de hogere kringen samen met de pastoor en de dokter. Die tijd is voorbij. Het gemiddelde opleidingsniveau van de ouders is tegenwoordig vaak hoger dan of ongeveer gelijk aan het opleidingsniveau van de leraar.

Dit zou een mooi thema voor een ouderavond kunnen zijn: *Onze ervaring is dat we leerlingen veel gemakkelijker kunnen motiveren als ouders de school steunen. Die leerling wil dan vaak werken. Er is niets wat hem/haar afremt.*

10 Als ouders blind partij kiezen voor hun kind

Ouders kiezen soms (steeds vaker?) blind partij voor hun kind. De leraar was oneerlijk, gemeen, beledigend, etc. *Die leraar haat me.* Een deel van de ouders gelooft hun kind onmiddellijk. Soms komen die meteen naar school of bellen ze u kwaad op.

Wat jammer dat die ouders thuis zo reageren, want ze laten belangrijke opvoedkansen liggen. Als ze thuis verstandiger hadden gereageerd, dan hadden ze hun kind dit kunnen leren:

1. Je kunt pas verstandig oordelen als je een zaak van twee kanten hebt gehoord.
2. Je kunt rustig en bedachtzaam blijven, óók als een ander een hoog emotioneel appèl op je doet.
3. Je kunt luisterend doorvragen naar feiten zonder dat je op dat moment al een mening hebt.
4. Als iemand goed luistert naar je verhaal, dan begrijp je je eigen verhaal zelf ook beter.
5. Het is waardevol je te verplaatsen in een ander, je wordt vaak milder.

Eigenlijk geven deze boze, snel oordelende ouders hun kind een lesje in kortlonterig machogedrag. Waarschijnlijk wist de leerling al vooraf hoe de ouders zouden reageren. Die ouders hebben in het verleden vermoedelijk al vaker op deze manier gereageerd, bijv. bij een ruzie met broers of zusjes of met vrienden.

Waardoor doen ouders dit?

Willen ze vriendje zijn met hun kind? Willen ze uit schuldgevoel (echtscheiding, drukke baan) laten zien dat ze hun kind steunen?

Ouders steunen hun kind echter het meest als zij zonder een mening te hebben eerst rustig doorvragen naar wat er precies is gebeurd, naar wat het kind zélf heeft gedaan, met welke intonatie ze iets zei. Ze kunnen haar ook vragen zich te verplaatsen in de lerares, etc.

U kunt ooit tegen de ouders zeggen:

Ik merk dat u heel veel vertrouwen hebt in uw kind. U wilt echt een steun zijn. U wilt laten zien dat u onvoorwaardelijk achter haar staat, dat u er helemaal voor haar bent. (Zeker nu ze het moeilijk heeft met de echtscheiding, het overlijden van oma.) Ik snap dat.

EN:

Wat jammer dat u niet eerst ons gevraagd hebt (vergeten bent om) wat de andere kant van het verhaal is. Het lijkt me zo leerzaam voor haar als ze gaat begrijpen dat je eigenlijk altijd een verhaal van twee kanten moet horen.

11 Als ouders u steeds onderbreken

In de eerste minuten van een gesprek kan ongemerkt het patroon ontstaan dat u 'onderbreekbaar' bent. Misschien stopt u zelfs met praten zodra een van de ouders iets wil zeggen. Probeer u hiervan bewust te zijn, het is lastig om zo'n gewoonte later nog te veranderen. Zorg dat u een paar standaardzinnen paraat hebt die bij u passen.

Vinnig, pinnig, taal als schuurpapier:
Wilt u mij laten uitspreken alstublieft, ik laat u ook uitpraten.
Zullen we elkaar vanaf nu ook eens laten uitspreken?
U onderbreekt me nu al voor de derde keer.
Zou u mij nu eindelijk ook eens willen laten uitpraten?
Zo kan ik mijn zinnen niet afmaken.
Heel erg zou ook zijn: *Zullen we probéren elkaar normaal, beschaafd uit te laten praten?*
Dit is wanhopige vechttaal. Ouders voelen zich, afhankelijk van uw intonatie, op hun nummer gezet.

NB U hebt wel gelijk, maar het is niet handig om op deze manier uw gelijk te halen.

Past een van deze zinnen bij u?
Ik merk dat u bijna niet kunt wachten tot ik uitgesproken ben.
U vindt dit onderwerp zo belangrijk dat ik mijn verhaal bijna niet kan afmaken.
U vindt dit zo belangrijk dat ik bijna niet duidelijk kan zeggen wat ik bedoel.

U wilt zóveel zeggen dat u mij bijna niet kunt laten uitpraten.
U bent zo betrokken dat u wel drie dingen wilt zeggen terwijl ik nog bezig ben met míjn verhaal.
Weet u, ik word er onrustig van als ik mijn verhaal niet kan afmaken... dan ga ik me een beetje opgejaagd voelen.
Vrolijk: *U wilt uw zegje doen, u snapt wel dat ik ook graag mijn verhaal kwijt wil.*
Ik wil u graag rustig vertellen hoe ik het zie, ik raak helemaal uit mijn concentratie als ik mijn verhaal niet rustig kan vertellen... dan raak ik mijn verhaal kwijt.
Ik kan veel beter naar ú luisteren als u mij ook hoort.
Dit soort taal is duidelijk én niet vijandig. U blijft vriendelijk in contact.

Als ouders aan de telefoon blijven doorratelen.
Probeer langdurig niets zeggen, helemaal niet te reageren. Elke kleine opmerking van u levert vaak de benzine voor weer een volle minuut boosheid. Ontspan. Als het stil wordt, laat rustig die stilte vallen. Reageer daarna rustig, neem níet het spreektempo van de ouders over.
Ik heb goed naar u geluisterd. Ik wil graag proberen samen te vatten wat u gezegd hebt...

Algemene opmerkingen en tips:
- Soms spreekt u een procedure af. *Ik wil graag dat we hier een oplossing voor vinden, ik wil goed naar u kunnen luisteren. Daarom wil ik heel graag eerst uw hele verhaal horen, dan hou ik mijn snavel dicht. Daarna ga ik pas wat zeggen. En dan daarna u weer, dus om en om.*

Is dit gek: *Als deze balpen bij u ligt, dan houd ik mijn mond, omgekeerd ook. Dan zijn we wel verplicht om naar elkaar te luisteren. Zullen we dat doen? Vijf minuten proberen?*

- Ga niet mee in de gejaagdheid, de hectiek, de opgewondenheid van de ouders. Blijf in rust.
- Ga fluisterend praten als u merkt dat u geneigd bent harder te gaan praten.
- Glimlach als u dat kunt. Het helpt tegen verzuring, u wordt blijer en effectiever.
- Breng rust in het gesprek door op rustige toon samen te vatten:
  Ik hoor u zeggen dat u er alles aan gedaan hebt om...
  Het zit u dwars dat ik, de school toen...
  U vindt het oneerlijk dat...
  U bent het er niet mee eens dat...

NB Vindt u het te gek voor woorden dat u soms de ouders moet opvoeden? U hebt gelijk. En u bent de professional: u houdt uw doel voor ogen: een effectief gesprek voeren.

12 Ouders slaan hun kind waar u bij staat

Waar hun kind bij is:
Thuis is het ook een kutkind.
Wat bezorgt dat kreng me een ellende.
Het is gewoon een gemeen kind.
Zeg dat niet nóg een keer [ouder dreigt kind te slaan].
Ouder rammelt het kind door elkaar, knijpt of slaat.

Twijfel, verwarring, geschokt, paniek.

- U wilt uw leerling steunen.
- U wilt het gezag van vader of moeder niet openlijk afvallen.
- U wilt niet dat, door u, thuis op het kind wordt afgereageerd.
- U vermoedt dat dit misschien bij hen thuis normaal is.
- U denkt: wat ik ook doe, ik maak het erger.
- U beseft: dit mag ik niet toelaten.

Pas op
Is het 'alleen maar' een ruwe corrigerende tik of is het echt een 'mishandeling'? Misschien kunt u dat niet goed inschatten als u 'zacht' bent opgevoed en dat gezin een 'harde' opvoedingsstijl heeft. Die stijl van opvoeden vindt u bij een deel van de migranten, woonwagenbewoners, Roma en soms bij handarbeiders met harde ruwe beroepen. In geen enkele groepering wordt mishandeling geaccepteerd, maar de betekenis van dat woord verschilt per groep.

Als u ‘zacht’, sensitief bent opgevoed, dan vindt u wellicht een zachte stomp of een licht kwetsende opmerking al onaanvaardbaar.

Mogelijkheden van reageren:

- Bij duidelijke mishandeling: Kunt u op een veilige manier fysiek ingrijpen? Doen! Misschien gaat u ertussen staan. ***STOP. DIT MAG HIER NIET, DIT GEBEURT NIET.***
- Ook als u niet fysiek ingrijpt kunt u krachtig de leiding nemen. Kunt u met luide stem iets zeggen zoals: ***NIET WAAR IK BIJ BEN. NIET IN MIJN SCHOOL, NIET IN MIJN KLAS. NOOIT SLAAN ALS IK ERBIJ BEN, DIT WIL IK NIET, HIER KAN IK NIET TEGEN. IN EEN SCHOOL MAG NIET GESLAGEN WORDEN, DOOR NIEMAND, DAT IS STRAFBAAR.****

  Nadat u rustiger geworden bent: *U kunt niet weten dat slaan op scholen verboden is. Dan zijn wij verplicht om de politie in te schakelen.*

  Pas op een nóg later moment legt u uit waarom u vindt dat slaan schadelijk is en wellicht adviseert u hen contact op te nemen met Jeugdzorg.
- U kunt ook een judoachtige stijl gebruiken.

  U schat in dat de ouders wanhopig zijn en vanuit onmacht slaan. Of uit gewoonte. Of dat de ouders u willen bewijzen dat ze goede stevige opvoeders zijn. U zou dan, wel met krachtige stem, kunnen zeggen: ***U bent kwaad. Sem snapt het al. Stop.***

* Het zou veel meer beschuldigend klinken als u zegt: *Ik wil niet dat ú dat doet. Ú moet daarmee ophouden. Ú mag niet slaan. Dat is toch niet normaal.* Dan hebt u minder effect.

Hij heeft u al begrepen, stop hiermee. Op deze school wordt níet geslagen. Wij doen dat ook niet, niemand mag hier kwetsen/slaan.

Dus, ook als u de ouders begrijpt: iets begrijpen betekent niet dat u er begrip voor hebt!

- Bij vernederingen: *Ik zie dat u wanhopig bent én ik vind het heel pijnlijk dat u deze woorden gebruikt. Dat zijn geen gewone woorden, die snijden in iemands ziel. Ik vind het kwetsende woorden. Dit is niet goed voor Emma en ook niet voor uw contact met haar.*

Waarom zijn slaan en vernederen schadelijk?

Denk er goed over na waarom u slaan schadelijk vindt. We vinden dit zó vanzelfsprekend dat we daar bijna niet meer over nadenken. Besef dat slaan tot 1960 in Nederland redelijk gewoon was.

U moet een reactie hebben als ouders zeggen: *Mijn vader sloeg mij ook en ik ben er niet slechter van geworden.* Ik (HK) zou zoiets zeggen als: *Ik hoor dat u slaan (of 'kutkind' zeggen) eigenlijk gewoon vindt. Ik denk daar anders over. Ik ben er zeker van dat kinderen die geslagen worden daardoor bang worden voor hun ouders en hen misschien gaan haten. Dat is niet goed, niet goed voor het kind zelf en ook niet voor uw contact met het kind. Een kind dat geslagen wordt, verhardt en wordt ongevoelig. Het gaat bovendien bij een ruzie andere kinderen slaan. Dat willen we niet hier op school.*

13 Ouders: *U hebt hekel aan mijn kind*

U mag hem niet, dáárom geeft u die straf.

Het is heftig als u ervan beschuldigd wordt dat u een kind niet mag en dat u dáárom een bepaald besluit genomen hebt. U ervaart dit waarschijnlijk als een aanval op uw integriteit.

U weet dat u niet moet gaan **v**echten, **v**luchten of **v**erstijven. Hoe kunt u in **v**erbinding blijven? Kunt u dit zeggen:
Ik schrik ervan, hier kijk ik van op.
Ik kan me voorstellen dat u zich hier ernstige zorgen over maakt.
Als mijn kind dit zei, zou ik ook naar school komen.
Fijn dat u langskomt om me dit te vertellen.

Ouders letten scherp op hoe u reageert. *Ik kan u gelukkig geruststellen, het is absoluut niet zo. Ik vind hem ~~gewoon~~ een leuk joch. Ik zou iedereen die straf gegeven hebben. ~~Hij doet wel eens wat maar dat doen alle leerlingen.~~*
In de doorgestreepte woorden horen de ouders misschien doorklinken dat u wél een hekel aan hem hebt.

Om de ouders nog meer op 'luisteren' te krijgen:
Ik kan me voorstellen dat u gaat twijfelen als uw zoon dat zegt.
Kinderen kunnen soms zo overtuigend iets zeggen.
Ik ben er heel benieuwd naar hoe het komt dat hij dit denkt. Vind u het goed dat ik hem dat vraag? Wilt u dat ook vragen?

Pas na verloop van tijd is dit mogelijk:

- *Soms zegt een kind wel heel snel dat de leraar een hekel aan hem heeft. Dan hoeven ze de oorzaak niet bij zichzelf te zoeken. Ze geven ook vaak andere kinderen de schuld van iets.*
- *Wat me opvalt is dat hij in het algemeen heel slecht tegen kritiek kan. Hij is dan heel gevoelig, zelfs als ik iets kleins negatief zeg. Hoe gaat dat thuis als u kritiek op hem hebt?*
- *Kan het zijn dat hij u misschien een beetje aan het manipuleren was? Dat hij hoopte uw steun tegen mij te krijgen?*

Tot slot. Hébt u een hekel aan dit kind?

Vergeet niet in uzelf te onderzoeken óf u een hekel aan hem/haar hebt. Een spontane voorkeur of afkeer is heel normaal, druk dat gevoel niet weg. Immers, pas als u weet dat u dat gevoel hebt, kunt u de effecten ervan bijsturen. Het hébben van een voorkeur of een afkeer is uw en mijn alledaagse realiteit. Wat u met zo'n primair gevoel dóet, dat maakt u professioneel.

U discrimineert mijn kind

Als u van discriminatie beschuldigd wordt, dan is de kans groot dat u zich gekwetst of verontwaardigd voelt. Misschien denkt u: ik laat me niet van discriminatie beschuldigen. De neiging tot **v**echten, **v**luchten of **v**erstijven is nu nóg groter. Vooral bij een beschuldiging van racisme of discriminatie is het moeilijk om in **v**erbinding met de ouders te blijven (judo):

Goh, dit komt hard aan bij mij.
Ik vind het heel moeilijk om dit te horen.

Het moet voor u heel moeilijk zijn ~~als u denkt dat~~...
Het moet voor u heel moeilijk zijn dat u de indruk hebt dat ik uw kind slechter behandel omdat hij Antilliaan (blank, homo, rijk, arm, autistisch, andere sociale klasse, laagbegaafd, hoogsensitief) is.
Ik ben verbaasd, ik begrijp het niet. Ik wil het erg graag snappen. ~~Waarom~~ Wat maakt dat u dit zegt?

U ziet dat deze docent het woord discriminatie vertaalt door: 'slechter behandeld worden'. Dat is een goede vertaling en maakt het gesprek minder beladen.

Is het waar, discrimineert u?

- Vrijwel nooit hebben docenten een discriminerende bedóeling, maar desondanks kan uw handelen onbedoeld een discriminerend efféct hebben op het kind! Met het woord 'discriminatie' bedoelen ouders vaak dat hun kind benadeeld wórdt (het effect). De docent hoort vaak de beschuldiging dat hij/ zij een discriminerende bedoeling heeft.
- Het is meestal gemakkelijker je in te leven in een leerling als die qua achtergrond 'hetzelfde' is. Het wordt lastiger naarmate het kind meer 'anders' is. Het is dus heel begrijpelijk als u onbewust en onbedoeld een verkeerd oordeel hebt als een leerling een andere achtergrond (cultureel, seksueel, financieel, religieus of sociaal) heeft dan uzelf. Én het is de taak van u als professional om ervoor te zorgen dat u onrechtvaardige behandeling voorkomt.
- Als u bij uzelf hebt uitgezuiverd dat er geen sprake is van discriminatie, dan kunt veel gemakkelijker ontspannen reageren als u hiervan toch beschuldigd wordt.

14 Ouders: *U moet ze harder aanpakken*

Ouders willen dat u de leerlingen harder aanpakt. U zult afwisselend begripvol meebewegen en assertief duidelijk maken wat u vindt.

Jullie moeten ze veel harder aanpakken
Jullie zijn veel te slap.
Jullie moeten ze meer straf geven.
Jullie moeten ze veel harder aanpakken.
Dat geitenwollensokkengedoe van jullie.
Ze nemen je pas serieus als je duidelijk bent.
Ze moeten het maar eens voelen, dat is goed voor ze.
Ik dacht dat we de jaren zestig nu wel achter de rug hadden.
Jullie moeten laten zien wie de baas is, achter je rug lachen ze jullie uit.
Jullie worden vriendjes met de leerlingen, jullie hebben geen enkel gezag meer.

Past dit bij u?
Ik begrijp wel dat u dat zegt. Wij vinden het net als u belangrijk dat we duidelijk zijn in onze maatregelen. Wij vinden ook dat er soms gestraft moet worden. Dat hebben leerlingen nodig. U hebt het over hardheid, daar zijn we voorzichtig mee geworden, dat loopt vaak fout af.

Vroeger kon je ze openlijk afbranden, flink straffen, hard aanpakken, maar dat werkt tegenwoordig echt averechts. Van veel ouders horen we dat ze thuis met hetzelfde dilemma zitten.

Toen we dat in het verleden eens fout aanpakten werd die leerling wrokkig. Die ging zieken, die sleepte daarna ook nog een paar andere leerlingen mee. Die keerden zich toen tegen de school, die hebben de hele klas behoorlijk verziekt. Dat is ons helemaal niet goed bevallen.

Ik moet me soms ook beheersen maar we hebben gemerkt dat je op die leeftijd meer vliegen vangt met stroop dan met azijn. Maar ik snap u wel, ik ken ook dat machteloze gevoel dat je ze eigenlijk achter het behang wilt plakken. Soms zijn we hard, soms zacht. Het gaat er ons om wat effectief is.

Onze aanpak werkt niet altijd. Daar hebt u gelijk in. Maar we hebben nu zeker veel meer effect dan we met een harde aanpak zouden hebben.

Je zou willen dat ze anders waren. Ik zou ze soms wel een paar jaar willen invriezen. Om ze dan pas ná hun puberteit te ontdooien, maar dat mag niet meer van de kinderbescherming, haha.

Een valkuil

Het is een valkuil als u er onbewust op gericht bent dat de ouders het met u eens moeten worden. Dan hebt u de regie uit handen gegeven. Dan bepalen de ouders uw tevredenheid.

U bent, als u het goed doordacht hebt, in dit soort onderwerpen de professional.

U bent er wél verantwoordelijk voor dat u uw besluiten goed uitlegt. U bent er níet verantwoordelijk voor dat de ouders met u instemmen.

Is dit nou niet grenzeloos naïef van jullie? Is dit nou geen slapheid?
U twijfelt eraan of deze maatregel wel werkt. Vertel eens...
Ik hoor heel goed dat u twijfelt, het zelfs naïef vindt maar gelooft u mij, dit is onze ervaring.
Heel soms is het inderdaad slapheid, een enkele collega durft niet in te grijpen. We zijn bezig hen in hun kracht te versterken. Verreweg de meeste collega's grijpen zeker wél in als dat nodig is.

Gelooft u zelf nou echt dat dit werkt?
Ik hoor uw twijfel, vertel...
Ja, dit werkt. Dat is onze ervaring. Bij het type kinderen dat wij hier hebben, moeten we het op deze manier doen.

Volgens mij lachen ze jullie vierkant achter je rug uit
Dat zou kunnen, soms. Daar letten we wel goed op. Daar hebben we het met elkaar over.
Goed dat u mij dit allemaal vertelt. Ik merk dat door erover te praten mijn eigen denken helderder wordt. U helpt me er nog eens extra scherp naar te kijken.

Jullie worden vriendjes met de leerlingen, jullie hebben geen gezag meer
Die zorg snap ik. Als dat gebeurt, zou ik dat heel erg vinden. Wij docenten en conciërges mogen nooit vriendjes worden. Dan raken we inderdaad ons gezag kwijt. Zijn er situaties waar u aan denkt?

Mijn kind komt niet aan leren toe door die etters die niet gestraft worden
Ik weet dat dit gebeurt, ik vind het vreselijk. Dat mag natuurlijk niet gebeuren, eigenlijk is het compleet onaan-

vaardbaar, de school is er om te leren. Ik ga hier de komende tijd weer extra op letten. Ik snap heel goed dat u zich hier zorgen over maakt. Ik wil graag een nieuwe afspraak maken, dan zal ik het in de tussentijd goed in de gaten ouden.

Ik ben het nog steeds niet met u eens!!

Dat vind ik heel vervelend. Ik zou er in uw situatie ook niet blij mee zijn. Ik heb geprobeerd u te vertellen hoe wij tot dit oordeel gekomen zijn, maar dat is me blijkbaar niet voldoende gelukt.

Maar u gaat dat besluit toch niet doorzetten? Want ik ben het er niet mee eens!!!

Dat besluit, dat is onze verantwoordelijkheid, dat gaat door. U besluit wat er thuis gebeurt, wij hebben hier op school onze verantwoordelijkheid. Eventueel: *Als dit een heel zwaar punt voor u is, dan is dit misschien geen goede school voor u. Maar ik zou dat echt heel vervelend vinden.*

Uw garagehouder zegt soms, gesteund door overtuigd vakmanschap:

Nee, dat kan niet. Dat werkt zo niet. Bij dit type auto lukt dat niet. Dit is geen goede oplossing.

Mevrouw, meneer, ik doe dit werk al vijftien jaar, dit moeten we echt anders aanpakken.

Benadruk uw vakmanschap, gebruik daarbij positieve termen

- *De situatie waar we het nu over hebben, daar hebben we met vier collega's over gesproken. ~~We nemen niet zomaar een maatregel~~. We hebben dit besluit welover-*

wogen genomen. U kunt er zeker van zijn dat we dit soort maatregelen vooraf altijd goed doordenken.

- *Wij gaan de hele dag om met jongeren, ~~wij zijn niet gek~~, ons team heeft in de loop der jaren veel vakmanschap opgebouwd. U hebt dat in uw werk ook, wij in het onze. Het lukt niet altijd om anderen duidelijk te maken waarom we een maatregel nemen, maar die is echt meestal goed doordacht.*
- *U hebt uw kind op deze school gedaan, daar spreekt een vertrouwen uit in ons team. ~~Dat gaan we niet beschamen.~~ U mag vertrouwen op ons vakmanschap, ook als u soms aarzelt of u hetzelfde zou hebben gedaan.*

15 Ouders (vo): *Wij eisen nú meteen maatregelen*

Er is een mobieltje gestolen. Het is gelukkig wel teruggevonden. De meeste leerlingen verdenken Thijs, u overigens ook. De ouders eisen harde maatregelen tegen Thijs. U zult goed moeten kunnen uitleggen welke beslissing u genomen hebt. Ook daarbij kunt u gebruikmaken van de judomethode. Passen onderstaande type zinnen bij u?

Ik ben blij dat u naar school gekomen bent. Als het mobieltje van mijn dochter gestolen was, zou ik ook bezorgd en kwaad naar school komen. Op een school horen de spullen van leerlingen veilig te zijn, u moet daar als ouders op kunnen rekenen. Dit is absoluut een veilige school en toch is dit gebeurd. Daar schamen wij ons ook voor. We zouden willen dat we 100 procent veiligheid konden garanderen maar helaas is dat onhaalbaar.

Mag ik u nog vragen, hoe het voor haar was dat ze haar mobiel kwijt was? U zegt net dat ze weer is gaan stotteren, bedplassen, nachtmerries, mensenangst, concentratiestoornissen, angstaanvallen. Afschuwelijk dat het haar zo heeft aangegrepen.

U wilt dat we Thijs straffen, ik snap dat goed. Mag ik u uitleggen waarom we dat niet doen? Veel leerlingen in de klas zijn ervan overtuigd dat Thijs het heeft gestolen, maar daar is geen bewijs voor. Wij gaan uw dochter ook niet straffen als een aantal leerlingen haar zouden beschuldigen. Of: *Wij weten wie de dader is, wij gaan u de naam niet geven. We hebben het er uitgebreid in ons team over gehad… inmiddels maatregelen genomen…*

Vindt u dat deze docent buigt? Volgens mij heeft ze de regie volledig in handen. De docent moet tijdens het gesprek veel onderdrukken:

- De neiging om snel to the point te komen, om veel korter mee te veren met de boze ouder,
- De neiging om te zeggen dat de ouder zwaar overdrijft (stotteren, bedplassen),
- De neiging om te zeggen dat overal wel eens wat gebeurt,
- De neiging te zeggen dat haar dochter super slordig is met haar mobiel.
- De neiging om te zeggen dat ze zelf maar eens voor een volle klas moet komen staan,
- Dat ze zelf thuis hun eigen twéé kinderen niet eens aankan, enz.

16 Ouders (bo): *Daan in de regen laten staan*

Een docente op de basisschool is na de pauze vergeten Daan van het schoolplein mee naar binnen te nemen. Ze ontdekte het na vijf minuten en was het hele voorval eigenlijk al vergeten toen de moeder boos naar school kwam.

Hoe is mogelijk dat zoiets gebeurt?
Fijn dat u er bent. Natuurlijk bent u geschrokken.
Zoiets mag toch niet gebeuren?
U hebt gelijk, u hoort erop te kunnen rekenen dat wij hieraan denken.
Er had wel wat kunnen gebeuren, meer dan een kwartier...
Absoluut, de school moet veilig zijn voor uw kind.
Ik denk eraan om mijn kind van school te halen.
Ik snap uw boosheid, ik zou ook kwaad zijn, dit is voor uw kind heel vervelend.
Arme Daan, en dat in de stromende regen.
Ja, dat maakte het nog erger.
Ik zou de Inspectie kunnen bellen.
Ik begrijp dat u aan dat soort dingen denkt.
Hij was thuis helemaal overstuur.
Hij is gevoelig voor dit soort dingen, zoiets hoort niet te gebeuren.

Deze docente moet zich verbijten. Had ze meteen moeten zeggen dat iedereen wel eens een fout maakt? Dat het helemaal niet hard regende maar alleen een beetje miezerde? Dat het geen kwartier duurde maar hoogstens vijf minuten? Dat Daan zich vaak verstopt en dat hij het dus ook aan zichzelf te danken heeft? Dat het overstuur zijn waarschijnlijk zwaar overdreven is, de Inspectie bellen belachelijk is, etc.?

Het is belangrijk dat u eerst enige tijd (langer dan u eigenlijk nodig vindt) begripsvol luistert. Als u dat niet zou doen, dan ervaren ouders uw *uitleg*, uw *verklaringen* alsof u zich aan het *verdedigen* bent. Dan gaat het escaleren.

Vindt u dat bovenstaande docente buigt of heeft ze de regie? Dat hangt o.a. af van het feit vanuit welke grondhouding de docente het zegt. Ze kan het zeggen vanuit angst, met haar rug tegen de muur. Ze kan hetzelfde ook zeggen vanuit rustige kracht.

Als deze ouder rustig geworden is zal blijken dat ze haar kind niet van school haalt en niet de Inspectie belt.

Nog later zegt u misschien: *Weet u nog hoe boos u toen was, dat begrijp ik wel hoor. Maar Daan moet ook leren om tegen een stootje te kunnen... tegenslag te verdragen... frustratietolerantie krijgen... merkt dat het toch allemaal goed komt.*

17 Ouders (bo): *Stel geen eisen aan mijn kind!*

Sommige ouders, vooral moeders? vragen de school om toch vooral voorzichtig te zijn met hun kind:
Laat hem maar rustig gaan als hij bezig is.
Jullie zetten mijn zoon te veel onder druk.
Wilt u voorzichtig omgaan met mijn kind?
Willen jullie hem alsjeblieft niet zo pushen?
Als hij per se dingen moet, dan blokkeert hij.
Als jullie eisen aan hem stellen, kan hij zich niet beheersen.
Mijn kind is kwetsbaar, wilt u voorzichtig met hem omgaan?
Hij kan het niet aan als er druk op hem wordt uitgeoefend, hij is erg gevoelig.

Uw primaire reactie

U denkt misschien: dat verwende kreng heeft dringend grenzen nodig. Thuis gepamperd en dan willen ze ook pampers op school? Thuis als een prinsje behandeld... Onderwijs hoeft niet alleen maar leuk te zijn. Hij heeft het juist nodig dat eindelijk eens iemand zegt waar het op staat. Hij zal thuis wel geklaagd hebben over ons en dan komen de ouders natuurlijk meteen naar school om hem te beschermen.

Professioneel reageren. Eerst verbinden, daarna begrenzen:

U wilt niet dat hij beschadigd wordt.
U wilt dat hij in harmonie kan opgroeien.
U vindt het belangrijk dat uw kind zich gelukkig kan voelen.

U wilt niet dat hij overvraagd wordt.
U zou hem willen beschermen tegen de harde buitenwereld zolang dat kan.
U wilt dat we terughoudend zijn met dwang, begrijp ik.

Ik snap dat u dat vindt, dat is inderdaad erg waardevol,
EN:

- *ik denk dat het goed voor hem is als hij ook dingen leert doen die hij niet leuk vindt.*
- *wij willen allebei dat hij later gelukkig wordt... nu al leren met stress om te gaan.*
- *een kind moet ook tegenslag leren verdragen.*
- *ook bij spelletjes, hij moet tegen zijn verlies kunnen.*
- *anders wordt het een ~~monstertje~~ dwingelandje, dat zie je soms wel eens.*
- *in het echte leven wordt hij ook onder druk gezet... ook eisen aan hem gesteld.*
- *hij wil soms graag in de watten worden gelegd, ik denk dat we dat juist niet moeten doen.*
- *juist nu kunnen wij hem leren dat frustratie, tegenslag ook bij het leven hoort.*
- *als hij later iets wil bereiken, dan heeft hij incasseringsvermogen, frustratietolerantie nodig, dat moet hij nú leren.*

Ik eis alle toetsen en hertoetsen van Engels, wiskunde en geschiedenis, mét de beoordelingsmodellen erbij
...én de notulen van de overgangs-vergadering

18 Juridisch assertieve ouders

Ouders hebben rechten. Ze hebben het recht van inzage in gemaakte toetsen, in de hertoetsen en in de beoordelingsmodellen van die toetsen. Ze mogen ook de notulen van de overgangsvergadering inzien. Vooral over het beoordelen van de open vragen in een toets of over de beoordeling van een opstel, scriptie of werkstuk is een langdurige discussie mogelijk.

Sommige ouders hebben de oprechte overtuiging dat zij, in het belang van hun kind, verplicht zijn tot het uiterste te gaan. *'Ouders denken dat zij... wél het tekort van 0,4 kunnen vinden in een van de acht examens waardoor hun kind alsnog geslaagd zou zijn.'** Dit type ouders kent bovendien vaak de weg van de docent naar de directie, naar de klachtencommissie, naar de rechter en naar de Inspectie. Dit kan u uiteraard zeeën van tijd kosten.

Uw mogelijkheden

Uiteraard probeert u de weg van de redelijkheid. U zegt dat u niet onbeperkt tijd hebt. U maakt duidelijk dat als elke ouder dit soort dingen zou vragen... U herinnert de ouders eraan dat u al erg veel tijd hebt besteed aan hun kind en dat u uw tijd nodig hebt voor de andere leerlingen.

U maakt duidelijk...

* Ingezonden brief van Titia Wittenberg, schoolleider. *Volkskrant* 18 juli 2019.

- dat ‘recht op inzage’ niet hetzelfde is als ‘recht op correctie’.
- dat het geld dat besteed wordt aan rechtszaken ten koste gaat van bijv. het schoolkamp.
- dat een kind leren moet dat er grenzen zijn; een cijfer is zo’n grens.
- dat een conflict tussen ouders en school hun kind schade kan doen.

Wat zijn uw mogelijkheden als u er na overleg toch niet uitkomt?

- U kunt subtiel gaan tegenwerken. U hebt bijv. pas over drie weken tijd voor een volgende afspraak, u hebt maximaal een kwartier tijd, u kunt de beoordelingsnormen niet vinden. Zeer assertieve ouders dreigen dan misschien met een klacht over uw gebrek aan medewerking. Dat betekent alwéér een juridisch gevecht, met alle twijfel of u dat gaat winnen.
- U kunt lijdzaam, knarsetandend meegaan in de verzoeken om toetsen, normtabellen, etc. te overleggen. Zuchtend en steunend voelt u zich voor hun karretje gespannen en misbruikt. In extreme gevallen raakt u uitgeput en haakt u af.
- U kunt toegeven, u verandert het cijfer. Dan bent u van het gezeur af. U beseft tegelijkertijd dat dit oneerlijk is en dat andere ouders zich aangemoedigd zullen voelen om ook eens te komen praten. En u gaat kotsen van uzelf.
- U kunt openlijk grenzen stellen aan uw bereidheid tot medewerking.
    - U besteedt aan een bepaald onderwerp (nog) maximaal drie uur.

- U weigert te overleggen omdat twee examinatoren het al beoordeeld hebben.
- U bent bereid (nog) maximaal vijftien kopieën te maken.
- U accepteert niet dat de ouder een externe 'deskundige' meeneemt in het gesprek.
- U bent níet bereid uit te zoeken hoe iets geregeld is, etc.

Ook in al deze gevallen kan de ouder hierover een klacht indienen.

U kunt zelfs uiteindelijk zeggen: *Als u dit allemaal van ons eist, dan is dit geen goede school voor u, dit doen we niet.* Maar dit type ouders láát zich waarschijnlijk niet van school sturen.

Kortom

De vervelende werkelijkheid is dat sommige problemen niet op te lossen zijn met communicatie en overleg. Soms ontkomt u niet aan een juridisch gevecht. Tips:

Ken uw rechten. Hebben ouders een gesprek opgenomen zonder dat u dat wist? In het Nederlands recht is het toegestaan een gesprek op te nemen op voorwaarde dat je daar zelf aan deelneemt. De ouders of u hoeven géén toestemming te vragen! Of het fatsoenlijk is, de relatie verstoort, etc. is een andere vraag.

Wees stevig in uw communicatie, niet smekend. Assertieve ouders ruiken hun kans als u zich zwak opstelt. Voer samen het gesprek, laat de directie het gesprek voeren, etc.

Overleg vóóraf met uw directie of die u steunt als u grenzen wilt stellen. Laat de directie zich duidelijk uitspreken. *Sta je ook achter me als dit hoog gaat op-*

spelen? Steunt het bestuur uw directie als het tot een conflict komt?

Bouw een dossier op: noteer wanneer u de ouders gesproken hebt, waarover en hoelang. Noteer wat u voor hen uitgezocht hebt, bewaar mails, telefoongesprekken (met een app op uw telefoon), etc. Voor uw positie bij een klachtencommissie is dit van groot belang. U zou op school heel andere dingen willen doen, maar u ontkomt hier niet aan.

Wellicht kan uw school **al bij de aanmelding** duidelijk maken welke grenzen er zijn aan ouderlijke bemoeienis/betrokkenheid? Dan moet dat juridisch waterdicht zijn. Nog beter zou zijn als het bij wet geregeld was.

Heeft het een gunstige uitwerking als ouders bij aanmelding toezeggen zich maximaal te zullen **inspannen om conflicten in redelijk overleg op te lossen**? Zo'n toezegging is juridisch niet bindend maar het heeft misschien toch effect als intentieverklaring. *U hebt uw kind ingeschreven op deze school. U hebt daarmee het vertrouwen uitgesproken in de professionaliteit van ons team. Wij hebben uw medewerking nodig om onze kwaliteit waar te maken. We rekenen op uw steun.*

19 De ouders begroeten

De kenmerken van het Nederlandse en Arabische handen schudden.

Natuurlijk geeft u de ouders een hand*. In die eerste seconden hebt u meteen al een eerste indruk van elkaar. Geef geen slappe hand, dan hebben de ouders geen vertrouwen meer in u. Houd uw arm ook niet gestrekt, dan lijkt u afstandelijk. En vergeet uw duimdruk niet, zie punt 10!

1. 'DE' NEDERLANDSE HAND:

1. Loop met een bijna gestrekte arm naar de ouder toe, kijk en glimlach.
2. Buig uw elleboog als u dichterbij komt. Met een gestrekte elleboog lijkt u afstandelijk.
3. U loopt naar de ander toe. Onderbreek even het oogcontact, kijk kort naar de hand. Bij het schudden kijkt u weer in de ogen. Uw kijkpatroon is dus: aankijken, wegkijken, aankijken.
4. Geef uw réchterhand. Als die bijv. in een mitella zit, zeg *sorry voor mijn linkerhand.*
5. Houd uw hand verticaal, anders lijkt u dominant (met de rug van de hand boven) of ondergeschikt.
6. Bots met de 'oksel' van uw duim stevig in de oksel van de andere duim.
7. Geef een stevige hand.
8. Schud éénmaal omhoog, dan naar omlaag. Er komen dan vanzelf twee naschokjes bij. Niet langer vasthouden, dat vinden Nederlanders klef.
9. Glimlach en/of knik.

* U begrijpt dat dit geschreven is vóór het coronatijdperk.

10. Druk uw duim stevig in de onderduim van de ander. Dit is als het ware de punt achter de zin. De ander voelt dan dat u het meent.

Herinnert u zich nog hoe u dit aangeleerd hebt? Waarschijnlijk niet. Dit is hoe veel ouders hun kleuter corrigeren als die een 'verkeerde' hand geeft:

- Als het kind een linkerhand geeft: *Geef eens je góeie handje.*
- Bij een slappe hand: *Geef eens een* échte *hand.*

Met bovenstaande hand hebt u in één seconde 90 procent contactwinst. Geef maar eens een slappe hand. Dan 'weten' de ouders: *Mijn hemel, moet ik aan zó iemand mijn kind geven?* Of: *Geen wonder dat die geen orde kan houden.*

Pijnlijk maar waar

Ook uw leerlingen moeten deze tien kenmerken van de Nederlandse hand leren. Dat is vooral nodig als er *in de ogen van bijv. een werkgever* 'een smetje' aan uw leerlingen zit: misschien als ze vmbo hebben, praktijkonderwijs, migrant zijn, stotteren, gehandicapt, dik zijn, een tatoeage, lelijk, etc. De eerste vijf seconden van een contact zijn dan dubbel wezenlijk. Help uw kwetsbare leerlingen in die vijf seconden succesvol te zijn.

Details, leuke weetjes voor de extra geïnteresseerden:

- Weet u dat er docenten zijn die vroeger – onbewust – besloten hebben: *Ik laat me niet meer raken*, bijv. na pestervaringen. En sommigen geven nu nog steeds een gestrekte hand (2).
- Weet u dat ruim 5 procent van de vrouwen een hand geeft met hun elleboog iets omhoog (2)? Is het onbewust *Ik ben weliswaar vrouw, neem me toch serieus*? Het komt – onbedoeld – afstandelijk over.
- Kent u het ongemakkelijke gevoel als iemand naar u toe loopt en u blijft aankijken (3)? Dat komt intimiderend over. Daarom kijken we even weg. En om de hand van de ander 'goed' (6) te pakken.
- Weet u dat er bedrijven zijn die sollicitanten expres een hand geven met de rug van de hand naar boven (5)? Als de sollicitant zich aanpast en met de eigen hand onder (handpalm boven) 'inschuift', dan wordt die afgewezen: niet assertief genoeg. Weet u dat er dominante ouders zijn die datzelfde met u proberen op een ouderavond?
- Weet u dat Nederland een van de weinige landen is waar mannen en vrouwen elkaar een even stevige hand geven (7)? Al in België geven vrouwen een zachtere hand.
- Weet u dat er stagiaires zijn die keurig zeggen *Ik ga er een goede stage van maken, mevrouw*. Maar de stagiaire drukt haar duim niet in uw hand (10). Dan voelt u dat ze het niet meent. Weet u dat er docenten zijn die met hun duim losjes zeggen: *Ik zal goed voor uw dochter zorgen*. De ouders geloven ze niet.
- Weet u dat er scholen zijn waar docenten leerlingen een boks geven? Zij weten/denken dat som-

mige leerlingen zichzelf aftrekken in de wc en willen dat niet aan hun eigen handen krijgen.

- Weet u dat veel Belgen, Fransen en Italianen elkaar élke ochtend op het werk een hand geven? Niet de hier beschreven ferme hand maar een zachte hand waarbij ze tijdens het schudden al kijken naar de vólgende collega. Voor Nederlanders komt dat ongeïnteresseerd over. De Nederlandse hand zou in die landen agressief, intimiderend en dominant overkomen.

2. 'DE' ARABISCHE HAND

Hebt u ouders van Arabische herkomst? Wilt u in één seconde 60 procent–90 procent contactwinst? Dit zijn de regels in grote delen van de Arabische wereld. U hoeft het niet te doen, maar dit zijn de contactregels. Uw hand naar uw hart brengen (zie 4 & 5) is het belangrijkste.

1. Loop met gestrekte arm naar de ouder toe.
   Let er, bij man-vrouwverschil, op óf de ander u een hand wil geven. Zo ja:
2. Geef een wat zachtere hand.
3. Kijk wat korter in de ogen (niet priemen).
4. Beweeg, na het handen schudden, uw hand kort naar uw hart. Een kwart seconde is genoeg. Ga niet buigen, glimlach.
5. Stel dat een Arabische vader u (vrouw) geen hand wil geven. U loopt al met de arm gestrekt...
   U merkt dan dat de vader niet naar u toeloopt en niet zijn arm uitsteekt. U kunt dan, zonder handen geschud te hebben, uw uitgestoken hand kort naar uw hart brengen. In één vloeiende beweging: *Gaat u zitten, wilt u koffie?*

PAS OP: U hoeft dit uiteraard helemaal niet te doen. U doet het alleen als het bij u past (of gaat passen) en om deze winst in het contact te behalen.

Wat betekent die hand naar uw hart? Het is zoiets als: welkom, ik heb het beste met u voor.

Rekening houden met de Arabische hand?

Vooral autochtone vróuwen voelen zich afgewezen als een Arabische man hun geen hand wil geven. Ze voelen zich soms in hun vrouw-zijn vernederd. Dat gaat diep.

Waarom sommige mannen van Arabische herkomst (minder dan 1 procent) u geen hand geven: lichamelijk contact met een onbekende vrouw is ongepast, dat hoort niet, het is te intiem. Ook orthodox joodse mannen geven een onbekende vrouw om die reden geen hand.

Overwegingen, twijfels:

- *Wat is het diepte-effect van de hand naar uw hart?* Stel dat u (vrouw) een moeilijk gesprek gaat krijgen met een 'Marokkaanse' vader. De vader weet al dat zijn zoon zich misdragen heeft. Als u bovenstaande hand geeft, dan 'weet' de vader meteen: *Het gaat een lastig gesprek worden, maar de docente heeft respect voor mij als mens.* Het zakelijke (het probleem met de zoon) en het persoonlijke (het respect voor elkaar) worden meteen uit elkaar gehaald. Het wordt door uw handdruk een veel soepeler gesprek.
- *Zij moeten zich toch aanpassen aan de Nederlandse cultuur?* Om iets te bereiken in Nederland is het aanleren van het Nederlandse handen schudden inderdaad

noodzakelijk. Maar u hebt geen opvoedingstaak naar de ouders toe. Het is uw taak om contact te leggen met de ouders in het belang van de leerling.

- *Dit zijn toch onze normen en waarden?*
  De manier van handen schudden is een contactgewoonte. Het is niet nuttig het ideologisch groot te maken tot 'normen en waarden'.
- *Geldt dit ook nog voor ouders van de vierde generatie?*
  De eerste generatie waardeert deze handdruk het meest. Over de tweede, derde etc. generaties valt nauwelijks te generaliseren.
- *Ik voel me onnatuurlijk als ik mijn hand naar mijn hart zou doen.*
  Dat kan niet anders in het begin. Alle verandering gaat in het begin houterig.
- *Vindt die Arabische vader of moeder niet dat ik nep ben?*
  Vrijwel nooit. Het blijkt dat het vrijwel altijd zeer wordt gewaardeerd. In Nederland kunnen ook vrouwen de hand naar hun hart doen hoewel het in de Arabische wereld een gewoonte van mannen is.
- *Is het islamitisch?*
  Deze manier van handen schudden is de gewoonte in een groot deel van de islamitische wereld. Ook de meeste christenen daar geven zo'n hand. Veel moslims denken echter wel dat het islamitisch is. In de 'boks' hand die veel jongeren elkaar tegenwoordig geven is de 'hand naar hart' beweging ook opgenomen.
- *U bent een islamitische vrouw. Moet u op uw school mannen een hand geven?*
  Dit onderwerp is een ideologische machtsstrijd geworden. Moet die docente per se handen schud-

den? Ze moet goed kunnen lesgeven en goed contact kunnen leggen met ouders en collega's. Wie geen hand zal geven, heeft dan een nadeel. Wie stottert of bijvoorbeeld een beschadigd gezicht heeft, heeft ook een nadeel in het contactleggen. Wie slecht Nederlands spreekt én sociaal onhandig is én ook geen hand wil geven, die heeft een fors contactprobleem. Wie sociaal vaardig is en goed Nederlands spreekt kan m.i. best contact leggen zonder een hand te geven. *'Goedemorgen, fijn dat u er bent. Ik zie dat u mij een hand wil geven, maar dat doe ik niet vanwege mijn geloof. Wilt u koffie? Met melk en suiker?'* Contact gelegd.
Geeft u de Arabische hand aan Arabische leerlingen? Nee, of misschien heel soms. Zij moeten hun weg vinden in déze samenleving. Uit liefde voor hen leert u hun de Nederlandse hand.

3. ENKELE BIJZONDERE HANDGEEFSITUATIES.

Een ouder weigert u uit boosheid een hand te geven.

Blijf rustig, ga niet verzuren doordat u zich afgewezen voelt. Houd de regie!! Glimlach, blijf blij.
Ik merk dat we veel te bespreken hebben. Gaat u zitten, wilt u koffie? Met suiker en melk?
Dit is een belangrijk onderwerp voor u, zie ik. We gaan het er meteen over hebben. Maar eerst een kopje koffie. Gaat u zitten, ik pak er ook een stoel bij.

U krijgt een dominante, boze, intimiderende hand.

Ik merk dat we veel te bespreken hebben. Gaat u zitten, wilt u koffie? Met suiker en melk?

Zo, dat is een stevige hand! Komt u uit een familie van politiemensen? Marechaussee?
Zo, u komt uit een familie van sterke mensen.
U houdt niet van een slappe hand, merk ik.

Een vader houdt uw hand te lang vast, hij kijkt sensueel.
Ik vind het onprettig als u mijn hand zo lang vasthoudt.
Een ogenblik, ik haal er even een collega bij. Waarom? *Dat wil ik soms.* Of: *Dat vind ik prettiger.* Of: *Dat vind ik prettiger in dit geval.* Of: *U houdt mijn hand zo lang vast, dat ik er even een collega bij vraag.*
Meteen de formele relatie benadrukken: *U bent de vader van Alice?*
Geeft u mij mijn hand maar terug alstublieft.

20 Acht tips van uw collega's

Dit willen collega's u nog zeggen:

- Hebben ouders je een rotmail gestuurd? Niet terugmailen. Wacht eerst tot je zelf rustig geworden bent en dan: niet terugmailen, maar bellen!
- Houd je aan afspraken. Ouders waarderen het enorm als je terugbelt met informatie die je beloofd had. Of bel even dat het nog niet gelukt is, maar dat je ermee bezig bent.
- Je moet eigenlijk altijd langer meeveren met ouders, langer bij hún gevoelens blijven, dan je zelf nodig vindt. Wacht expres wat langer en kom dan pas met je eigen kijk op de zaak.
- Luister eens met de oren van ouders naar het telefonische welkomstbandje van je school. Is de stem vriendelijk? Hoe duidelijk is het keuzemenu? Is het muziekje prettig? Dat is jullie visitekaartje.
- Vraag islamitische ouder tijdens de Ramadan: *Vast u deze maand? Is het moeilijk?*
- Weet je hoe het kind thuis is? Eigenlijk wel interessant. Je kunt het de ouders vragen. Ze voelen zich dan gehoord én jij weet veel meer.
- Je moet soms ook de ouders een beetje opvoeden, het is niet anders.
- Schrijf na een gesprek op waar je de volgende keer naar kunt vragen. Dan denken de ouders: *die interesseert zich écht voor mij*. Dat de vader een zware motor rijdt. Dat de moeder een nagelstudio heeft. Dat ze zich zorgen maken over hún ouders. Dat ze een pleegzoon hebben, etc.

21 Twee soorten leraren en conciërges

De spieders en de babbelaars

Er zijn conciërges die in de pauze spiedend rondkijken of iemand iets fout doet, de 'spieders'. Ze staan vaak met hun rug tegen een muur. En er zijn 'babbelaars'. Die hebben de hele dag kleine gesprekjes met leerlingen. Als er moeilijkheden zijn, lossen de babbelaars die vaak gemakkelijk op. Van hen pikken jongeren een correctie, van de spieders, die nooit contact hebben gelegd, niet.

Er zijn leraren die vooral gericht zijn op leerstof. En er zijn leraren die weten dat heel veel leerlingen alleen kunnen leren als de docent een band met ze heeft. Die docenten kunnen veel vaker ordeverstoringen soepel oplossen.

Als een leerling ziek is geweest...

- We zijn vijf bladzijden verder. Hoe ga je dat aanpakken? Wanneer ga jij die toets inhalen?
- Fijn dat je er weer bent, heb je veel pijn gehad? Was er iemand thuis overdag? Die toets...

In een zwembad, op het sportveld, bij de politie (wijkagenten), overal zijn het de contactgerichte babbelaars die lastig gedrag van jongeren probleemloos oplossen. U kunt uzelf die babbelmodus aanleren.

Zo sexy waren de juffen vroeger niet
Dank u, ik ben leerkracht, het gaat over de cijfers van Sem...

22 Van primair naar professioneel gedrag

Primair reageren

Hij schold mij uit, dan is het toch logisch dat ik toen ook een beetje ook grof werd? Als een leerling mij een stomp geeft, dan kan hij van mij niet verwachten dat ik professioneel blijf.

Dit zijn duidelijke en gemakkelijke voorbeelden van docenten die vanuit hun primaire emoties reageren. De leerling had hen gekrenkt en ze reageren vanuit die krenking terug.

Professioneel reageren

Een professional is altijd gericht op het opvoedingsdoel. U moet bij een leerling altijd gericht zijn op het verbeteren van de leermogelijkheden, de psychische ontwikkeling of/en op het verbeteren van de onderlinge band. Hoe begrijpelijk het ook is dat u vanuit primaire emoties reageert, dat is niet wat een vakvrouw/vakman doet, dat is niet professioneel.

Een leerling: *Wat ben jij toch een vreselijke loser.*
Waarschijnlijk schrikt u als een leerling dit zegt, misschien wordt u kwaad, natuurlijk is de opmerking niet aanvaardbaar, natuurlijk moet u het erover hebben. En juist daarom, om een opvoedingsdoel te bereiken, is het noodzakelijk dat u als vakman/vakvrouw reageert.

Een primaire reactie kan zijn:
Alsof jij zo'n lieverdje bent.
Je zoekt maar een betere docent.
Ik hoef jou niet meer in de les, wegwezen jij, etc

Een professionele reactie kan zijn:
Ga zitten, vertel.
Hier schrik ik van, ik weet ff niet wat ik hierop zeggen moet.
Er moet iets gebeurd zijn, anders zeg je dat niet. Vertel.
En u komt uiteraard later terug op het woord *loser*.

Is dit moeilijk? Absoluut. U hebt een moeilijk (en prachtig) vak gekozen.

U hebt een primair én een professioneel ego

U hebt een primair ego, uw automatische reacties, en een professioneel ego. Het primaire ego hebt u van nature. In de loop der jaren groeit uw professionele ego.

- *Wie aardig gevonden wil worden* (een primair gevoel), zal vaak conflicten met leerlingen (en collega's) uit de weg gaan. Dan staat dus níet het belang van de leerling voorop. Door die primaire gevoelens van de docent krijgen de leerlingen niet de grens die ze nodig hebben.
- *Wie afkeer voelt van een bepaald type ouders*, zal die ouders op afstand houden. Dan laat u zich leiden door uw primaire gevoel (de afkeer), niet door het belang van het contact.
- *Wie van nature geneigd is tot onmiddellijk reageren* zal in het belang van de leerling moeten leren dat het soms beter is even te wachten met reageren.

- *Iets begrijpen ≠ Er begrip voor hebben.* Misschien hebt u van nature de neiging gedrag te vergoelijken als u het kunt begrijpen. Dan vindt u het pesten minder erg omdat de pester vroeger zelf ook gepest was. Een professional maakt echter een scherp onderscheid tussen 'iets begrijpen' en 'ergens begrip voor hebben'.
- *Misschien bent u geneigd bij een conflict met collega's de schuld bij de ander te leggen.* Als professional onderzoekt u wat u zélf bijgedragen hebt aan dat conflict. U kunt immers de wind (uw collega) niet veranderen, maar hoe de zeilen staan, bepaalt u zelf.

In het belang van de leerlingen of hun ouders móet u nagaan of uw primaire geneigdheid bijdraagt aan de opvoedingsdoelen en de leermogelijkheden van uw leerling.*

U wilt een leerling de klas uitsturen:

Primair, bijv.:	**Professioneel, bijv.:**
Op de leerling afgaan, grote stappen, Tegenover hem gaan staan, Luid: *Eruit jij, nu!!* Blijven aankijken totdat hij gaat.	Naar hem toe gaan, intussen blijven lesgeven, Rustig langs hem lopend... Bijna fluisterend: *Loop ff mee,* Naar de deur lopen, niet omkijken.

* Sommige mensen denken bij het woord professioneel aan kil, koud, berekenend, onpersoonlijk. Dat klopt dus niet. Het gaat om effectief zijn.

DRIE PRIMAIRE VAARDIGHEDEN: VECHTEN, VLUCHTEN, VERSTIJVEN.

Van nature zult u in een lastige situatie reageren met vechten, vluchten of verstijven. Dat is uw en mijn natuur, dat zijn onze drie primaire impulsen, vaak een mix van alle drie.

1. **V**echten: zonder te luisteren metéén tegenspreken. Feedback als een aanval zien. Een menig onwrikbaar naar voren brengen.
2. **V**luchten: een persoon of lastig onderwerp vermijden, uit de weg gaan.
3. **V**erstijven: niets meer doen, verstarren.

VIJF PROFESSIONELE VAARDIGHEDEN. VERBINDEN ERBIJ!

Een professional kiest uit vijf gedragsmogelijkheden:

1. **Vechten**

   U kiest soms voor een behéérste confrontatie omdat u weet dat dit voor de leerling het beste is. U weet dat u die strijd aankunt, anders kiest u er niet voor. Niet als een dolle hond blind vechten, maar constructief doordacht 'vechten' dus. Tegen ouders:

   - *Ik begrijp dat u het er niet mee eens bent. Dit is wat wij besloten hebben.*
   - *U beledigt mij nu voor de tweede keer. Ik stop dit gesprek.*

2. **Vluchten**

   U kiest soms voor 'vluchten', iets (tijdelijk) uit de weg gaan, ergens tijdelijk niets van zeggen omdat dit uitstellen de beste optie is. U kiest ervoor om er op een later moment op terug te komen.

3. **Verstijven**

   Zinvol verstarren komt niet veel voor. U kiest dit

bijvoorbeeld als u op school beschoten zou worden en de schutter wilt laten denken dat u al dood bent. Hou u dood.

4. **Verbinding zoeken**, de vierde v.
   Meebewegen, levelen, aansluiting zoeken, gericht op contact krijgen.
   Tegen een woedende ouder zegt u: *Ik zie dat er iets belangrijks is, gaat u zitten.*
   Als een leerling met een geweer de school binnenstormt kunt u zeggen: *Vertel, vertel, wat is er gebeurd.* Dat is vakmanschap!*
5. **Verbindend grenzen stellen**
   De primaire manier van grenzen stellen is vanuit vijandschap. Onder het oppervlak zit dan bijna altijd een 'vernietigingsbehoefte': *Ik heb het helemaal gehad met je.*
   U kunt echter ook grenzen stellen met behoud van verbinding:
   Ik weet dat je met die k-woorden niks bedoelt, je kunt niet weten dat mijn moeder...
   Het gaat nu ff niet goed tussen ons, ga ff naar de gang, kom zo terug.
   (Jongen komt met mes de school binnen) Ik begrijp dat je die pesters haat, ze hebben je constant getreiterd. Ik ga je er toch niet door laten. Ik zorg dat dat pesten stopt, ik beloof het je... Blijf praten.
   Zelfs terwijl u kwaad bent, kunt u voelen of u nog in verbinding bent met de leerling. Die ondertoon bepaalt of u primair of professioneel handelt.

* Natuurlijk ook de politie (laten) bellen, natuurlijk proberen het geweer uit zijn handen te krijgen.

De docente met een stoel bedreigd
Een leerling heeft met een stoel in de lucht dreigend voor de docente gestaan. Hij heeft niet geslagen.
De directeur de volgende dag: *Wat goed dat je niet geslagen hebt. Ik weet hoe moeilijk het voor je is om je dan in te houden. Ik vind het knap dat je dat gelukt is. En dit is geen goed voorbeeld voor de andere leerlingen dus je begrijpt dat we een andere school voor je gaan zoeken.*
De leerling wordt als mens heel gehouden. Dit is professioneel grenzen stellen, vanuit verbinding.

Het idealiseren van het spontane, het authentieke
Sommige docenten maken bezwaar tegen de eis dat je professioneel zou moeten zijn. Ze idealiseren in hun werk het spontane, het natuurlijke en authentieke. In die opvatting is al wat 'primair' is waardevol omdat het zo authentiek aanvoelt.

In die opvatting staat in feite het primaire ego, jezelf willen zijn voorop, niet het effect dat het heeft op de leerling.

In feite komt dit idealiseren van het spontane helaas hierop neer. Het is:
- een loflied op je beperkingen, je eenzijdigheden.
- het idealiseren van eventuele scheefgroei in je ontwikkeling (aardig gevonden willen worden, etc.).
- blijmoedig goedkeuren van onnadenkendheid.
- het uitleven van egocentrisme, vooroordelen, voorkeuren, geneigdheden, etc.

NB Uiteraard hébt u voorkeuren, ook vooroordelen en geneigdheden, maar u leeft die niet uit. U perkt ze in met uw professionele verstand. Voorkeuren en vooroordelen zouden uw werk kapotmaken.

Wie het spontane idealiseert, is als iemand die wil autorijden zonder rijles. Die wil op een natuurlijke, spontane manier authentiek 'zichzelf' zijn op de weg.

Een kenmerk van élk vakmanschap is juist altijd de zelfbeheersing t.o.v. de spontane, eerste impulsen. Beschaving betekent altijd dat de ruwe kanten worden bijgeschaafd. Primair is ook primitief.

Het aanleren van nieuw gedrag

Als u een nieuwe (bijv. professionele) manier van reageren aanleert, dan voelt dat in het begin altijd aan als onwennig en onnatuurlijk. Pas na verloop van tijd kan dat nieuwe gedrag echter spontaan en authentiek worden, dat kost tijd. Het is vergelijkbaar met de manier waarop u in uw leven hebt leren kruipen, lopen, autorijden en dansen. Ook dat ging in het begin houterig en is na verloop van tijd soepel en 'spontaan' geworden.

Afstemmen op de ander

Wie professioneel is, is afgestemd op de ander, niet op de eigen primaire gevoelens en belangen. Een vakman/vakvrouw is er steeds op gericht hoe die in een bepaalde situatie (bijv. na een rotopmerking) de leerling vooruit kan helpen.

Leuke les, juffrouw!

U reageert vanuit blijheid over de schouderklop (primair) als u alleen zegt: *Dank je, leuk dat je dat zegt.* U reageert professioneler als u óók ooit zegt:

- *Wát vond je leuk?*
- *Wát heb je opgestoken?*

Dus een léérling mag alles en wij moeten ons steeds inhouden?
Een leerling mag niet alles, maar wat die ook doet: ú moet professioneel blijven. Mag u dan nooit eens uit uw slof schieten, één keertje maar een leerling voor rotte vis uitmaken? Alleen als het gunstig zou zijn voor haar ontwikkeling. U bent geen docent geworden om ongeremd uw gevoelens te uiten. Het is als het ware de taak van een kind om kind te zijn, een puber moet puberen. U moet professioneel zijn.

Eigenlijk zou u zich na elk contact met een leerling moeten afvragen of dat gesprek een positieve bijdrage heeft geleverd aan de relatie.

Raar?
Veel docenten hebben de ervaring dat ze op school veel meer van leerlingen kunnen verdragen dan van hun eigen kinderen thuis. In de privésituatie willen we blijkbaar meer primair, meer impulsmatig leven. Dat is ook de reden dat we, met al onze primaire voorkeuren en vooroordelen, een partner kiezen die bij ons past. Dat is prima, in de privésituatie.

In een werksituatie kan dat niet. Daar hebt u de taak om professioneel om te gaan met uw primaire gevoelens en voorkeuren.

Tot slot
Als ons spontane primaire gedrag automatisch het waardevolle gedrag was, dan waren er geen rijscholen, geen lerarenopleidingen en geen leerboeken nodig.

23 Iets begrijpen ≠ Er begrip voor hebben

In 1999 werd de zestienjarige Marianne Vaatstra verkracht en vermoord. Jarenlang is intensief naar de dader gezocht. Over die dader heeft Peter Middendorp een boek geschreven. Uiteraard veroordeelt hij die moord, maar in zijn boek *Je bent van mij* wil hij snáppen, begrijpen waardoor het kwam dat de dader, een boer uit Groningen, dit gedaan had. Een aantal mensen, vaak geen lezers, nam het hem zeer kwalijk dat hij hiermee 'in feite' begrip zou tonen voor de moordenaar.*

Deze verwarring tussen 'iets begrijpen' en 'ergens begrip voor hebben' komt veel voor. De woorden lijken op elkaar, de betekenis is echter totaal verschillend.
Iets begrijpen = iets kunnen invoelen, kunnen snappen, iets verklaren van binnenuit.
Het gaat om denken en gevoelens: je indenken en je invoelen.
Begrip hebben voor iets = ergens ermee instemmen, het goedvinden, het ermee eens zijn, het verdedigen. Dan gaat het om een oordeel.

* Op een vergelijkbare manier probeert Kristien Hemmerechts in *De vrouw die de honden eten gaf* de vrouw van Marc Dutroux te begrijpen. Hoe een man langzaam tot SS'er wordt, zie Jonathan Littell *De welwillenden*.

Hoort u wel eens iemand zeggen: *Ik vind dat zó erg, ik kan dat absoluut niet begrijpen!*
Hoe begrijpelijk bovenstaande uitspraak ook is, het is vaak niet verstandig. Elke arts vindt kanker een verschrikkelijke ziekte. Maar om effectief in het ziekteproces in te kunnen grijpen, móet de arts willen begrijpen hoe kanker ontstaat, hoe die cellen zich delen en hoe dat proces gestopt kan worden. Iets begrijpen is niet hetzelfde als het goedkeuren, er begrip voor hebben.

Verwarringen tussen *begrijpen* en *begrip hebben*
De termen *begrijpen* en *begrip hebben* worden vaak door elkaar heen gebruikt. Dat leidt tot veel onduidelijkheid:

- *Ik heb hem geslagen nadat hij me zó treiterde. Kan je je voorstellen dat ik dat deed?*
  Ik spiekte, ik móest een voldoende hebben voor dat proefwerk. Snap je dat, snap je me?
  In deze zinnen is het volkomen onduidelijk of de spreker wil dat je haar begrijpt (dat jij je kunt inleven) of dat zij om een goedkeuring vraagt.
- In een gesprek kan uw luisterende *mm*, door ouders zowel als luisteren (ik hoor je, ik begrijp je), maar ook als instemming (ik ben het met je eens) worden opgevat.
- In de zin *Ik kan er begrip voor hebben, maar het moet wel worden bestraft* heeft het woord 'begrip' de betekenis van: ik kan het *begrijpen*.
- Is dit een geïnteresseerde vraag of is het een veroordeling?: *Waarom deed je dat nou? Hoe kon je zou zoiets doen?* Hier is de intonatie belangrijk. Als u

wilt weten wat iemand tot een besluit bracht, dan kunt u beter vragen: *Wat maakte dat je dat deed?*

- Bij zware maatschappelijke thema's (misbruik, genitale verminking, incest, pedofilie, terrorisme, schietpartijen op scholen, eerwraak, radicalisering, zinloos geweld, etc.) hoort u vaak mensen zeggen: *Dat iemand dat doet, daar begrijp ik helemaal níets van.* Wie dit zegt wil helemaal niet begrijpen waarom de ander iets doet. Zo iemand wil zijn afschuw laten horen. Hier wordt 'niet-begrijpen' gebruikt in de betekenis van 'er geen enkel begrip voor willen hebben'.

Zinloos geweld... is nooit 'zinloos'

In de term 'zinloos geweld' zit een negatief oordeel opgesloten: het geweld is zinloos. In de praktijk blijkt echter dat dit geweld altijd wél een bedoeling heeft: het gaat steeds om het herstellen van waardigheid. Het is nooit zinloos, het heeft altijd een reden, een bedoeling, anders zou die persoon het geweld niet hebben gebruikt.

Zelfs wie probeert 'zinloos geweld' te begrijpen zal vaak (onbewust) termen gebruiken die duidelijk maken dat hij ver af staat van de motieven van de dader. Daardoor zal hij zeggen dat 'zinloos geweld' veroorzaakt wordt door *opgefokt eergevoel* of door *gekrenkte trots*. Die gevoelens klinken primitief, dat soort gevoelens hebben ánderen, 'wij' niet. Wie vergelijkbare gevoelens wel in zichzelf herkent zal vaker zeggen dat het geweld veroorzaakt werd door de aantasting van iemands *waardigheid, integriteit, aanzien, zelfrespect.*

- Op een verschillende golflengte praten: verklaren ≠ verdedigen.
  Een man probeert in zichzelf uit te zoeken (te begrijpen) wat maakte dat hij is vreemdgegaan. Zelfs als hij werkelijk alleen maar probeert zijn gedrag te *verklaren*, zelfs dan kan de partner horen dat hij zich aan het *verdedigen* is. Dan bestrijden ze elkaar terwijl ze in feite een ander gesprek voeren.

Als we bepaald gedrag *ziek* of *gestoord* noemen, is dat een vorm van begrijpen?

Is het een vorm van begrijpen als je zegt: *Hij deed dat omdat hij ziek is, abnormaal is, psychiatrisch is, psychopaat is, gewetenloos is, een stoornis heeft, een afwijking heeft?*

In al deze gevallen lijkt het er oppervlakkig gezien op dat de ander met deze termen begrepen wordt, maar dat is m.i. niet zo. Het gedrag wordt als ziek of slecht betiteld/veroordeeld. *Hij doet het omdat hij een stoornis heeft, psychopaat is.* Dat is geen begrijpen. Is het een cirkelredenering: *Ik wijs het gedrag af omdat ik het fout vind?*

Een poging tot begrijpen en verklaren zou kunnen zijn: *Hij vermoordde die man omdat die op zijn gewelddadige vader leek.* Of: *Ze kan moeilijk eigen keuzes maken doordat ze van jongs af aan nooit iets zelfstandig mocht doen.* Of: *Die leerling kan niet tegen kritiek omdat zijn ouders altijd alles van hem goedpraten.*

Het proces van zich inleven, zich indenken, zich invoelen

Het lukt waarschijnlijk alleen je in te leven in een ander als je op zoek gaat (durft te gaan) naar soortgelijke gedachten, gevoelens, verlangens, tegenstrijdigheden, dilemma's en ervaringen in jezelf. Je inleven, je invoelen in een ander veronderstelt dat je aftast wat binnen jezelf meeresoneert met het verhaal van die ander. Dat kan een choquerend proces zijn. Het kan moed vereisen om je in te leven in gevoelens, verlangens, e.d. die je tegelijkertijd in jezelf zwaar veroordeelt. Durft/kunt u zich inleven in een man die na een scheiding zijn eigen kinderen vermoordt om zijn ex te treffen?

Taboes, sterke overtuigingen, blokkades

Mensen kunnen zich moeilijker inleven naarmate zij sterkere overtuigingen resp. taboes hebben. Iemand kan bijvoorbeeld de overtuiging hebben: *zo ben ik niet, dat soort dingen voel ik niet, dat soort immorele dingen komen zelfs niet in me op. Jaloezie, racisme, doodwensen, onzekerheid, tegenstrijdigheden, superioriteitsgevoel, seksverlangens buiten mijn relatie, dat heb ik gelukkig allemaal niet.* Op de terreinen waarop we sterk normatief zijn, zijn we minder in staat mee te resoneren met een ander. Ons inleven, ons invoelen wordt daardoor minder nauwkeurig.

Persoonlijke ervaringen kunnen de oorzaak zijn van dergelijke blokkades. Voor iemand die zelf gepest is, is het misschien onmogelijk zich in te leven in een pester. Wie aangerand is kan/wil het vaak niet opbrengen zich in te leven in een aanrander. Een leraar die op straat door een macho in elkaar is geslagen kan het moeilijk vinden zich in te leven in een macho leerling in de klas.

Er zijn waarschijnlijk, ook los van taboeovertuigingen en blokkades, grenzen aan íeders mogelijkheid om iets na te voelen. Een mannelijke docent kan het lastig vinden zich in te leven in gegiechel van meisjes of in hun slappelachbuien. Een lerares kan het lastig vinden te voelen waarom jongens vaak aan elkaar zitten, elkaar duwen, tegen elkaar botsen, schijngevechten houden, etc.

Bent u primair geneigd tot iets *willen begrijpen* of tot *oordelen*?

Het is een verschil in 'karakter', waar iemand primair op gericht is. Sommige mensen zijn geneigd tot oordelen. Als ze een oordeel hebben, is het voor hen klaar. Hun denkactiviteit stopt dan.

Anderen zijn meer geneigd tot inleven, ze willen een verschijnsel beter snappen, ze willen kunnen navoelen wat maakt dat iemand iets deed. Zij hebben pas in een later stadium behoefte aan een oordeel of vinden het hebben van een oordeel niet zo belangrijk.

Bent u geneigd tot *willen begrijpen, snappen* of bent u geneigd tot *oordelen*? Merk op wat uw eerste reactie is als iemand u dit vertelt:

* Een vader steekt de man dood die zijn dochter heeft verkracht.
* Een moeder kiest, zonder zich te informeren, meteen partij voor haar kind.
* Iemand wil geen orgaandonor zijn, maar wil zelf wel van iemand een nieuwe nier.
* In landen waar genitale verminking normaal is, werken veel moeders daar actief aan mee.

Begrijpen en oordelen bij beroepsbeoefenaren. Karakterverschillen

Wie een beroep uitoefent móet het gedrag van bijv. leerlingen, patiënten of delinquenten willen begrijpen. Het is een voorwaarde om in dat beroep (resp. onderwijs, de zorg, politie, justitie) professioneel te zijn. Het is, strikt genomen, voor een lerares niet nodig om het gedrag van delinquenten te begrijpen maar alles van haar leerlingen moet zij wel willen begrijpen. Een politieman die zich onvoldoende kan inleven in bijv. dierenmishandeling, is niet geschikt om met dat type delinquenten te werken. Om dezelfde reden kan een leraar ongeschikt zijn om met kleuters, pubers, autisten of migranten te werken.

Mensen uit harde beroepsgroepen zijn waarschijnlijk geneigd om sneller te oordelen: veel militairen, politiemensen. Therapeuten, leraren, ook wijkagenten en anderen uit meer zachte beroepsgroepen zijn waarschijnlijk gemiddeld meer gericht op luisteren, inleven en invoelen.

Kiest u voor neutraal of normatief woordgebruik?

In het woord *'kruimeldiefstal'* wordt het stelen een beetje goedgepraat. *'Hormonencriminaliteit'* vergoelijkt criminaliteit van pubers. Wie niet wil bagatelliseren moet juist wel normatieve termen gebruiken. Voor mannen die hun kinderen vermoordden om hun ex te treffen werd vaak de term *familiedrama* gebruikt. Om het vergoelijkende te vermijden is voorgesteld het *gezinsmoord* te noemen. Daarom ook liever *pooier* dan loverboy, liever *genitale verminking* dan vrouwenbesnijdenis.

Losse belangrijke aandachtspunten

- **Begrijpen als voorwaarde om gezond verder te kunnen leven**.
  Ik heb ooit een uitzending van Oprah Winfrey gezien met een vijftal moeders van wie een kind was vermoord. Ze vertelden over hun woede en haat en dat die op den duur henzélf kapotmaakten. Ze vertelden dat ze zich hadden moeten inleven in de moordenaars om het onderscheid te kunnen maken tussen hun *onmenselijke daad* en de *moordenaar als mens*. Ze moesten de moordenaar proberen te begrijpen, niet uit nobele motieven, maar om zelf in vrede verder te kunnen leven. Het verdriet bleef maar het schrijnde daarna minder. Om dit mogelijk te maken was het wél belangrijk dat de moordenaar echte spijt had. Waarschijnlijk betekent dit dat deze moeders gingen voelen: *elk mens, ook ik had in die omstandigheden misschien hetzelfde kunnen doen*. Andere moeders in dezelfde situatie blijven wel haten en verhard. Ze kunnen en/of willen zich niet inleven in de dader. Zij ervaren dit inleven als ontrouw aan hun vermoorde kind.

- **Hoe zien de 'begrijpers' en de 'oordelaars' elkaar?**
  Wie oordelend is ingesteld, vindt vaak dat begrijpen 'eigenlijk' een vorm van begrip hebben is. Bij populisten is dit vaak te zien, vooral bij sterke afkeerthema's zoals misbruik, moord, etc. Zij maken veel minder het onderscheid tussen begrijpen en begrip hebben. Populisten verzetten zich vaak tegen het begrijpen van bepaald gedrag omdat ze bang zijn dat dit tot *begrip* zal leiden. Het is daarom juist in gesprekken met hen belangrijk het

verschil te benadrukken. Je kunt de moordenaar van Marianne Vaatstra begrijpen én een zware gevangenisstraf verlangen.
Wie juist meer op begrijpen en inleven gericht is, kan vinden dat een oordelaar het zich gemakkelijk maakt: het denken is meteen voorbij als het oordeel op tafel ligt. De oordelaar gaat er bovendien aan voorbij dat die persoon zelf wellicht vergelijkbare dingen zou kunnen doen in vergelijkbare omstandigheden.

- **Begrijpen maakt effectiever**
Wie begrijpt wat een ander beweegt kan beter, effectiever reageren op die ander. Een therapeut die snapt wat het betekent om met drugs te stoppen, kan dat proces meestal beter begeleiden. Een voorbeeld van een invoelende leerlingbegeleider. Een leerling zegt: *Ik heb geen reet aan jou als mentor.* De mentor: *Je had meer van me verwacht, vertel.* Deze mentor reageert niet vanuit gekrenktheid. Zij of hij blijft professioneel bij de leerling en bij wat die bedoelt.

Het woord eerwraak is het Nederlandse woord voor een verschijnsel dat in het Turks en Arabisch letterlijk vertaald 'eerzuivering' resp. 'eerherstel' heet. Welnu, wie kan er bezwaar hebben tegen het herstellen of het verdedigen van je waardigheid, je eer? Als we willen weten wat 'eerwraak' voor iemand betekent, dan moeten we weten wat de gevoelswaarde van dat woord is in de taal van de betrokkenen. Ook dat is begrijpen, geen begrip hebben.

- **Zich inleven via boeken en films**
  Een belangrijk effect van het lezen van romans is dat de lezer zich inleeft in allerlei typen mensen, in allerlei situaties. Lezen, ook films kijken, is daardoor een manier om onbekende delen van het eigen gevoelsleven te verkennen. Het is ook een veilige manier om zich in te leven in grenssituaties van het bestaan.

24 Over gelijkwaardigheid en ongelijke taken

Als leerlingen geen mobiel mogen? Dan de leraar DUS ook niet?

Een leraar heeft een andere taak dan een leerling. De leraar heeft een aanstelling, een taakomschrijving en wordt erop aangesproken als die taak niet goed wordt uitgevoerd.

Verschillende taken

Doordat leerling en leraar een verschillende taak hebben, is het géén automatisme dat ze hetzelfde mogen. Een voorbeeld: als leerlingen geen mobiel in de klas mogen hebben, dan betekent dat niet automatisch dat DUS de leraar dat ook niet mag. Het hangt van de taakinvulling af.

- Is het belangrijk dat elke klas snel gealarmeerd kan worden bij brand of andere calamiteit?
- Is het zo geregeld dat ouders in noodgevallen via de leraar hun kind kunnen bereiken?
- Is het wenselijk dat een docent snel een calamiteit kan melden? Etc.

Uiteraard kan een school andere oplossingen vinden voor bovengenoemde situaties, vaak via de conciërge. Maar die zijn ook wel eens niet op hun plek.

Gelijkheid, gelijkwaardigheid, gelijke taken

Bij nader inzien zijn de woorden gelijkheid en ook gelijkwaardigheid onhelder. Natuurlijk zijn leerlingen en leraren gelijkwaardig maar dit betekent niets. Is een koe gelijkwaardig aan een paard? Vast wel, maar de betekenis daarvan is onduidelijk.

Het begrip 'gelijke taken' is wél duidelijk. Leraar en leerling hebben andere taken en daardoor andere rechten en verplichtingen.
Een leraar geeft huiswerk op, een leerling niet.
Een leraar mag straf geven, een leerling niet.
Een leraar wordt door de directie verantwoordelijk gehouden voor de leerresultaten, etc.

Leraar: *Hoe gaat het met je?*
Leerling: *Dank u, hoe gaat het met u?*
Om het leren te bevorderen, is de vraag van de leraar wenselijk, want leer-bevorderend. De wedervraag van de leerling is grappig omdat die níet voortvloeit uit de taak van de leerling.

Leraren bij de voornaam noemen? Leerlingen een boks geven? Leraren een hesje? Etc.

Laten we ons door leerlingen en ouders bij onze voornaam noemen? Geven we de leerlingen een boks in plaats van een hand? Er is geen snel antwoord. Bepalend is of het de taakuitoefening van de leraar makkelijker of lastiger maakt.

Leerlingen vinden het wellicht verwarrend – *oneerlijk* – als ze straf krijgen van een docent die zij steeds bij de voornaam mochten noemen. Een (vooral beginnend) leraar komt door het gebruik van de voornaam waarschijnlijk eerder in de verleiding om vriendje met de leerlingen te worden. Geeft de tussenvorm *meester Hans, juffrouw Renske* voldoende afstand om, als dat nodig is, grenzen te stellen resp. die te accepteren? Vaak wel.

Als een leraar met zwak gezag een boks geeft dan heeft dat een andere betekenis dan als een sterke docent een boks geeft. Misschien zegt die docent meteen na de boks: *Oké, en nu een echte hand.*

Is een hesje voor docenten nuttig om hun specifieke functie te benadrukken? Die gedachte is heel on-Nederlands. In bibliotheken en bijv. op treinstations dragen medewerkers sinds enkele jaren wel steeds vaker een hesje als uniform. Op scholen steeds vaker de conciërges ook. Daarmee benadrukken ze dat ze het gezag vertegenwoordigen. Ze zijn niet gelijk aan de andere aanwezigen. Het is goed denkbaar dat een hesje op scholen met veel ontregelde leerlingen ook waardevol is.

Ik trek thuis altijd een jasje aan als ik een cursus geef. Dat jasje doe ik ter plekke meestal meteen uit. Toch helpt dat jasje me onderweg om in de juiste lesgeef-modus te komen. Ik voel door dat jasje dat ik een taak heb. Dat jasje helpt me om geconcentreerd en gefocust te zijn.

In België, Duitsland en Frankrijk is het vrijwel ondenkbaar dat kinderen hun ouders, opa's of oma's bij de voornaam noemen. Ook bij leraren wordt de achternaam gebruikt. De gedachte dat een leraar 'gelijk' zou zijn aan een leerling is in die meer verticaal georiënteerde landen veel minder een valkuil.

De taak van de leraar: afwisselend medewerking zoeken en grenzen stellen

Lesgeven bestaat uit een afwisseling van horizontale en verticale momenten, net als het opvoeden van kinderen thuis. Babbelen, overleggen, medewerking zoeken, afspraken maken, lol hebben, etc. gebeurt vanuit een horizontale relatie. Maar er zijn ook momenten waarop grenzen gesteld moeten worden: de verticale momenten. Die momenten horen óók bij hun taak. Er is echter een toenemend aantal ouders (ook leraren?) dat vriendje wil zijn met hun kind: ze willen alle verschillen van opvatting horizontaal oplossen. Ze maken zich daarmee afhankelijk van de instemming van het kind. Leraren stellen in dat geval te weinig grenzen.

Voor het onderwijs betekent dit o.a.:

- Het gebruik van het woord '*afspraken*'. De regels die op school gelden, worden vaak verzachtend 'afspraken' genoemd, maar dat zijn het niet. Dat er niet gegeten mag worden in de gangen, dat er niet gespiekt mag worden, e.d. zijn geen afspraken maar zijn door de school eenzijdig vastgestelde regels. Door het 'afspraken' te noemen maken docenten de leerling-leraarrelatie onduidelijk. De school suggereert daarmee dat een docent geen regels behoort op te leggen. Door het onterechte gebruik van het woord afspraken ondermijnen docenten hun eigen gezag.

Bij de ingang van uw school zou een bord kunnen staan:
Welkom op deze school. Dit zijn onze regels.

Ook op een sportveld gelden regels, vaststaande besluiten. Er wordt, zowel daar als in het bedrijfsleven, niet gesuggereerd dat die regels overlegbaar zouden zijn.

- *Ben je het eens met mijn straf?*
  Een straffende leraar zegt soms: '*Ik wil dat je om 4 uur bij me komt*', met als ondertoon: kom je, ben je het ermee eens, kun je met mijn besluit instemmen?
  Datgene wat als verticaal besluit bedoeld was, wordt daarmee een overlegmoment waarbij de leerling om instemming wordt gevraagd. Een slimme leerling grijpt zijn kans en begint een 'discussie'.
- *Ouders hoeven het niet met u eens te worden*
  Het is prettig als ouders instemmen met uw besluiten. Het is echter geen voorwaarde om een besluit te nemen.
- *Vragen stellen als u iets te zéggen hebt*
  Een docent die ziet dat een leerling spiekt wil/durft de confrontatie soms niet goed aan en stelt daarom vaak een vraag: '*Zie ik dat goed? Wat doe jij daar?*' Ook dan verwordt het verticale besluitmoment (*'je hebt een 1'*) soms tot een overleg over de juistheid van de waarneming.
  Zolang de leerling zegt dat de leraar het niet goed gezien heeft, blijft er dan 'discussie'.

Tot slot: roken in de klas

Denkt u: maar leraren mogen toch ook niet roken? Dat klopt, dat heeft met de wet te maken. Leraren staan niet boven de wet. Vanuit dat perspectief zijn we wel aan elkaar gelijk.

25 U kunt autoritair zijn of autoriteit zijn

Wie autoritair is baseert zich op macht, dwang, angst, straf en op het dreigen daarmee.
Bij een leraar die autoriteit uitstraalt, valt de rust op, de diepe overtuiging, de balans. Die hoeft niets te bewijzen. Dat maakt dat u naar haar/hem wilt luisteren.Wie autoritair is, is gericht op het eigen belang en heeft bevestiging nodig.
Wie autoriteit is, kan volledig gericht zijn op het belang van de ander.

Wie autoritair is, lijkt iets in zichzelf te moeten overschreeuwen: twijfels, onzekerheden, angsten, etc. Die docent móet de controle houden en gaat daarom opspelen bij ongehoorzaamheid. Net als bij macho jongeren moet bij die docent het stoere gedrag het kwetsbare ego afdekken. Dat maakt hen onecht.

Bij docenten die autoriteit uitstralen valt op dat ze zich bewust zijn van hun onzekerheden, hun 'kwetsbare' kanten. Ze zijn ermee in balans. Ze hoeven die niet te ontkennen. Ze kunnen daardoor mild zijn.

U kunt uw angsten, twijfels en andere kwetsbare kanten wegdringen, ontkennen. U kunt ook beseffen dat die ook een deel van u zijn. Ze doorvoelen, doordenken en ermee in balans komen.

In boeddhistische termen zult u daardoor tot 'verlichting' komen. Leerlingen voelen dan dat u stevig op de grond staat.

Dan laten ze het wel

26 De harde aanpak

U hebt alles gedaan wat mogelijk is. Er moeten nu harde maatregelen genomen worden.

Waardoor worden harde maatregelen verantwoord en noodzakelijk?

1. Als door een storende leerling de rest van de klas niet meer aan leren toekomt.
2. Als een leerling zich blijvend onaanvaardbaar gedraagt t.o.v. medeleerlingen of docent. Bijv. fysieke of psychische schade aanricht door getreiter, permanent aandacht trekken, geweld of bijv. bedreigingen.
3. Als een leerling te bewerkelijk is, te veel zorg nodig heeft. Er is een grens aan het aantal 'zorgleerlingen' dat u hebben kunt. Het is pijnlijk om dit te moeten constateren, maar doormodderen is soms erger.

Ook bij harde maatregelen professioneel

Ook als u harde maatregelen neemt, dient u professioneel te zijn. U handelt niet uit boosheid of wraak. De maatregel mag geen genoegdoening zijn voor ellende die de leerling heeft veroorzaakt. Het is heel begrijpelijk maar niet professioneel als u een harde maatregel zou nemen omdat '*zij ook maar eens moet voelen wat zij ons gedaan heeft*'. Of omdat '*u het helemaal gehad hebt met dat kind*'.

Uw maatregel mag maar één doel hebben: wat is goed voor deze leerling, in samenhang met wat goed is voor de klas. Hou de leerling als mens heel. Dan bent u professioneel.

U zegt bijvoorbeeld:
Het lukt je niet om anderen niet te storen. Je kunt er misschien niets aan doen...
Wat je doet is schadelijk voor je medeleerlingen.
Je bent over mijn grens gegaan, ik wil je even een dag niet meer zien, je bent morgen weer welkom.

Positief klinkende woorden verhullen soms kortaangebonden vijandigheid
Een harde maatregel kan professioneel zijn, maar kan ook voortkomen uit boosheid, wraakgevoel, kortlonterigheid of vijandigheid. Aan het woord *hardheid* kunt u niet zien om welke motivatie het gaat. Ook *duidelijk zijn* kan voortkomen uit vijandigheid of uit het belang van het kind.
Er zijn meer positief klinkende woorden die soms vijandigheid verhullen: een *stevige* maatregel, een *doortastende, besluitvaardige* of *robuuste* maatregel; een *standvastig* besluit, etc. Het is belangrijk dat u in uzelf uitzuivert wat uw diepere motivatie is.

Er is een interessant denkfout bij het nemen van maatregelen. Soms wordt zo'n harde maatregel niet genomen omdat die duidelijk een bepaald nadeel heeft. Het kan echter zijn dat dit nadeel kleiner is dan het nadeel van niet ingrijpen. Het gaat dus bij een verstandige beslissing om de vergelijking van de voor- en nadelen van beide situaties.
Een afgewogen oordeel kunt u met gezag uitleggen: *dit besluit heeft inderdaad een nadeel, doormodderen zou nóg meer schade hebben veroorzaakt.*

27 Gehoorzaamheid is ook een doel

Ook in een horizontale cultuur is gehoorzaamheid noodzakelijk.

Een dirigent zei onlangs dat hij heel blij was met zijn 'gehoorzame' orkest. Ik schrok. Hij legde uit dat de orkestleden altijd goed voorbereid waren en reageerden op elke kleine aanwijzing. Ik schrok omdat ik nog nooit iets positiefs gehoord had over gehoorzaamheid.

Ideaal en werkelijkheid

Sinds 1960 zijn de verhoudingen tussen ouderen en jongeren in grote lijnen van verticaal naar horizontaal veranderd. Sindsdien staat daardoor 'zelfstandigheid' bovenaan in het rijtje van opvoedingsdoelen. Gehoorzaamheid is uit dat rijtje verdwenen. We vinden sinds 1965 het maken van eigen keuzes, autonomie en de bijbehorende assertiviteit belangrijk.* Elk kind mag 'zichzelf' zijn.

Tegelijkertijd verlangen we in de praktijk van alledag echter vaak gehoorzaamheid van leerlingen. *Ik had je toch gezegd dat je dit moest doen; Je weet toch wat de regel van de school is?; Doe niet zo raar, anderen doen*

* Die ontwikkeling is rond 1965 begonnen in de steden, de dorpen veranderden daarna. Op scholen is de verandering begonnen in het openbaar onderwijs, al snel gevolgd door het katholiek onderwijs. Tien jaar later kwam die horizontalisering ook in het christelijk onderwijs. Daarbinnen veranderden reformatorische scholen nog weer tien jaar later.

dat toch ook niet? Op dat soort momenten vraagt de docent om gehoorzame, ordelijke, inschikkelijke leerlingen. Er is blijkbaar een spanningsveld tussen het ideaal dat we zéggen na te streven en ons feitelijke opvoedingsideaal.

Eigenlijk zijn we in veel gevallen blij met 'zelfstandigheid' als we het met de keuze eens zijn: als een kind besluit geen alcohol te drinken, goed oplet op school, etc. We stellen zelfstandigheid minder op prijs als het kind kiest voor luiheid, spijbelen of pesten.

Samenleven

Als een paar mensen samen op vakantie willen, dan is het te hopen dat ze in zekere mate inschikkelijk zijn, dat ze kunnen geven en nemen. En dus hun unieke eigen voorkeuren ten dele kunnen opgeven. Datzelfde geldt als mensen willen uitgaan of overleggen naar welk restaurant ze willen. Het benadrukken van eigen zelfstandigheid brengt hen dan niet ver. Dan gaat iedereen naar een ander restaurant en daarna naar een andere film.

Kinderen die opgevoed zijn tot kleine prinsjes en prinsesjes vinden het opgeven van eigen voorkeuren en wensen lastig, dat hebben ze letterlijk niet geleerd. Dat prinsjesgevoel wordt versterkt doordat we in de alledaagse ideologie vooral de nadruk leggen op jezelf-kunnen-zijn, nauwelijks op het kunnen-samenleven.

Niet alleen zelfstandigheid is dus een opvoedingsdoel, een zekere mate van gehoorzaamheid is dat ook. Meestal gebruiken we dan andere woorden die niet zo negatief klinken: *inschikkelijk zijn, bereid zijn tot compromis, rekening kunnen houden met een ander, ingevoegd zijn, kunnen geven en nemen, meegaand zijn,* etc.

Mensen die hebben leren samenleven voelen zich er goed bij als ze een compromis sluiten. Ze voelen zich niet gefrustreerd, ook niet tekortgedaan, als hun voorkeur niet voor 100 procent wordt gerealiseerd.

Traditionele en moderne gehoorzaamheid

Eeuwenlang, in alle traditionele werelden, was besluitvorming veel eenvoudiger dan nu. De ouders bepaalden, de man bepaalde, of de oudste. Of de functionaris: de leraar, de geestelijke, de politieman, de ambtenaar, de baas, de scheidsrechter, etc.

Traditioneel was gehoorzaamheid een verplichting uit gewoonte, uit sociale druk en uit angst voor straf. 'Gehoorzaamheid' is vooral besmet geraakt door de verschrikkingen van het *Befehl ist Befehl* uit de Tweede Wereldoorlog.

Evelien Tonkens* stelde voor het begrip 'moderne gehoorzaamheid' te gebruiken voor situaties waarin je ervoor kiest deel te zijn van een groep.

- Je wilt met elkaar voetballen. Om niet in ellenlange discussies over een doelpunt terecht te komen, aanvaard je vooraf de beslissingen van een scheidsrechter. Ook als die jonger is. Ook als je een hekel hebt aan de scheidsrechter. De functie is beslissend.
- Je bent met een aantal mensen op vakantie en er is maar één auto. Bij de keuze van een reisdoel aan-

* Evelien Tonkens *Spugen op de kleine leider*, blz. 113 e.v.

vaard je bijvoorbeeld vooraf dat de meeste stemmen gelden.

- In een samenleving geven we politie en justitie de macht om besluiten te nemen omdat het samenleven anders een jungle wordt.

Moderne gehoorzaamheid is daarmee de zelfstandige keuze geworden van iemand die deel wil uitmaken van een groep. Je beseft dan rationeel dat je in die situatie een deel van je zelfstandigheid moet/wilt opgeven. En je kunt je daar emotioneel goed bij voelen!

Dit is geen oproep tot dictatuur. Protesteren mag altijd. Vaak kan protest aantekenen overigens pas achteraf omdat anders het voetballen, het leerproces, het maken van muziek, etc. verstoord raakt. Bovendien hoor je te protesteren op een ordelijke manier.

Een mooi citaat van Evelien Tonkens:

> *Veel mensen vinden nu dat gezagsdragers hun gezag voortdurend moeten verdienen. Ze menen dus dat zij altijd en overal met gezagsdragers in debat mogen gaan. Dat is een vruchtbare bodem voor brutaliteit en agressie.* (blz. 116)

Wat betekent dit voor u in het onderwijs?

Vanuit sommige leerlingen gezien is hun situatie op school anders. In de leerplichtige periode móeten ze naar school, sommigen voelen zich er niet uit vrije keuze.

- Vroeger waren de meeste leerlingen op school sowieso gehoorzaam. Nu is het noodzakelijk dat de leraar een relatie opbouwt met leerlingen. Vanuit die relatie ontstaat vaak de wil om te leren. Juridisch móeten ze dan nog steeds naar school, maar dan ze wíllen het ook.

- Het bespreken van 'moderne gehoorzaamheid' zal uw leerlingen heus niet meteen enthousiast maken voor het onderwijs. Op cognitief niveau kunt u hiermee echter wel tegenwicht bieden tegen het eenzijdig idealiseren van jezelf zijn, zelfstandigheid en uniek zijn. Ze gaan dan beseffen dat een zekere mate van invoegen, inschikkelijk zijn, meegaandheid e.d. noodzakelijk is. Moderne gehoorzaamheid is ook een *21st century skill*.
- Een belangrijk aandachtspunt is dat leerlingen beseffen dat ze op school niet het leven en het leren van anderen mogen verstoren. Dat is de grens van hun vrijheid.
- Docenten zouden de regels van de school geen afspraken moeten noemen. Dat is taalvervuiling en het is verwarrend voor leerlingen. Elke organisatie heeft regels, niet alles is onderhandelbaar.
- We moeten nadenken over een betere term voor moderne gehoorzaamheid.
  Ingevoegd zijn? Functionele gehoorzaamheid?

28 Moeten leerlingen het metéén doen?

Tevreden worden met het vergroten van uw kánsen

Er is een kenmerk van leraren dat een schadelijke uitwerking heeft. Veel leraren willen dat leerlingen iets metéén doen als die ergens op worden aangesproken. Ze willen onmiddellijk resultaat zien.

Het zou natuurlijk prachtig zijn als uw woorden meteen 100 procent effect hebben, maar u wordt er ongelukkig van als u dat verwacht. Opvoedingsprocessen gaan niet op die manier.

U kunt proberen zich anders in te stellen. Probeer volledig tevreden te zijn als uw woorden ertoe gaan leiden dat de kans 5 procent groter wordt dat de leerling nu of *in de toekomst* gaat meewerken. Dat doel is vaak wel haalbaar.

Een voorbeeld. U vraagt leerlingen of ze hun lege blikjes niet meer op de grond willen gooien. Het criterium wordt dan niet of ze het meteen doen maar of u de kans hebt vergroot dat ze in de toekomst wél meer open staan voor een dergelijk verzoek. Vraag het dus op een manier dat u uw kansen vergroot. U hoeft geen 100 procent resultaat te hebben om toch een prima effect te hebben.

Met uw kinderen thuis is het net zo. Stel dat u wilt dat ze niet gaan roken of drinken. U bent er dan verantwoordelijk voor dat u uw maximale gedragsbeïnvloeding benut. U kunt er echter niet verantwoordelijk voor zijn óf ze gaan roken of drinken. Dat blijft per definitie hun vrijheid. U bent er wél verantwoordelijk voor dat uw mening een van de 'stemmen' wordt in het hoofd van uw kind. Pas dan speelt uw mening mee als een van de afwegingen in hun beslissing.

Zorg er dus minimaal voor dat u, door de manier waarop u om gedragsverandering vraagt, geen vijandigheid oproept. Dan hebt u alle invloed verspeeld. Als u (onbewust) wilt dat uw leerlingen iets metéén doen, dan wordt u dwingend, een naar dwingend kreng. Met averechtse effecten.

29 De sfeer in de personeelskamer

Onvruchtbaar, krachteloos depressief klagen, I
Ik maak me zorgen over het gedrag van de leerlingen. Het lijkt wel of het steeds erger wordt. Ze worden niet meer opgevoed. De ouders besteden veel te weinig tijd aan hun kinderen. En als het misgaat, dan geven ze ons de schuld. Als je die ouders ziet, dan denk je, die kinderen hebben het niet van een vreemde.

Energie creërend, gericht op oplossingen, II
Wat lastig dat ze hun huiswerk zo vaak niet maken. Wat kunnen we doen om dat te veranderen? En die k-woorden de hele dag, ik vind het vreselijk, ik ga het er met ze over hebben.

In mijn groep is steeds meer een anti-school houding aan het groeien. Ken jij dat, met die hondsbrutale opmerkingen? Wat heb jij daaraan gedaan?... Werkte dat?

Medewerkers type I, die impotent klagend hun werk doen, gaan al op jonge leeftijd verzeuren en verzuren, op hun werk, ook thuis. Ze knappen vaak definitief af rond hun 50–55e jaar, meestal na een tegenslag in de privésfeer.

Medewerkers type II krijgen energie omdat ze gericht zijn op een oplossing. Ze richten zich bovendien op wat ze zélf kunnen doen. Zij beseffen: *Ik kan de wind niet veranderen, maar hoe de zeilen staan, bepaal ik zelf.*

30 Uw taalgebruik stuurt uw denken

Uw taalgebruik stuurt úw denken en voelen. Het stuurt ook wat een leerling voelt en hoort.

Die gasten, dat tuig	→	Die jongens, die leerlingen
Die modepoppetjes	→	Die meisjes
Rommel, bende, troep	→	Spullen, papier
Erop af gaan	→	Naar ze toe gaan
Ze de waarheid zeggen	→	...waar u last van hebt
Hangjongeren	→	Lastige jeugd
Hondsbrutaal	→	Brutaal
Hopeloze leerling	→	...waar ik geen grip op krijg
Jongeren aanpakken	→	Gedrag begrenzen
Kletsen	→	Praten
Overlast bestrijden	→	De school prettiger maken
Halfbloed(je)	→	Dubbelbloed
Hij is Turk	→	Hij is Turks
Hij is Marokkaan	→	...Marokkaanse herkomst
Die allochtonen	→	Onze jongeren
Hoofddoekje	→	Hoofddoek
Zijn eer, eergevoel	→	Gevoel van waardigheid
De cultuur doorbreken	→	Die cultuur benutten
In ons land	→	In dit land, op deze school
Jullie, altijd hetzelfde	→	Jij, in deze situatie
Lastige ouders	→	...waar ik moeite mee heb
Mijn druktemakers	→	Mijn uitdagingen
Gemeen, achterbaks	→	Onopvallend veel invloed
Ze tarten, ze sarren me	→	Ze testen me, dagen me uit
Nepnieuws ontkrachten	→	Pedagogisch omgaan met...
Onder de duim houden	→	Werkbare relatie opbouwen
Een incident met ouders	→	Een situatie met ouders

Een probleem	→	Een lastige situatie
Een conflict	→	Een aanvaring
Patstelling	→	Lukte toen niet om...
Straatcultuurgedrag	→	Macho, intimiderend
Nerd	→	Geïnteresseerd, kijkt verder

31 Veranderd gezag, 19 botspunten

Ouderen hadden tot 1960 automatisch gezag. De relaties tussen ouderen en jongeren waren toen verticaal. Letterlijk iedereen die ouder was of een functie had, had gezag: ouders, leraren, artsen, politiemensen, badmeesters, conducteurs, winkelpersoneel. Huidige jongeren ervaren de relaties tussen oud en jong veel meer als horizontaal, ook als u een functie hebt.

Sinds 1960 mogen kinderen thuis steeds meer. Ze mogen hun ouders tegenspreken, meebeslissen over wat ze eten, over hun kleding, hun bedtijd, het gebruik van hun mobieltje, wat ze het weekend gaan doen, de vakantiebestemming, enz. In veel gezinnen hebben ouders tegenwoordig zelfs moeite met de macht van hun kind. Soms hebben kinderen met hun 'gezeur' de macht overgenomen. Ook die kinderen krijgt u in de klas.

Ook ouders voelden zich vroeger ondergeschikt aan de docenten en aan de regels van de school. *Als de meester het zegt, dan zal dat wel zo zijn.*

De horizontalisering heeft grote gevolgen voor het onderwijs. Het onderwijs kent noodzakelijkerwijs veel verplichtingen. Leerlingen móeten huiswerk maken, hun pet af doen, boeken meenemen, geen brood eten in de klas, stil zijn, mobiels weg doen, etc. Effectief onderwijs kan niet zonder verticale momenten. Een docent moet dus ook 'macht' uitoefenen.

In het onderwijs botst die noodzaak van verticaal gezag met de meer horizontale instelling van de leerlingen. Hieronder een aantal botspunten.* U hebt door uw horizontale, vaker ontregelde leerlingen nieuwe vaardigheden nodig.

Algemeen:

1. Iemand moeten gehoorzamen leidde vroeger tot weinig frustratie. Gehoorzamen voelt nu vaker aan als een **aantasting van de individualiteit**, als inbreuk op de zelfstandigheid.
2. In een verticale cultuur maakten leerlingen hun huiswerk, ook als ze **de leerstof zinloos** vonden. Ze leerden probleemloos de tafels van 1 tot 10, ook al begrepen ze niet waarom.
3. Horizontale leerlingen durven **openlijk** negatieve dingen over u te zeggen. In een verticale wereld gaven leerlingen kritiek achter uw rug.
4. Leraren moeten, meer dan vroeger, **als individu stevig zijn**. Het gezag van uw functie steunt u niet meer. Uw stevigheid is noodzakelijk omdat veel leerlingen interne stabiliteit missen door de vele tegenstrijdigheden in de samenleving. Ook de school als geheel moet die duidelijkheid en stabiliteit bieden. U bent vriendelijk, benaderbaar én u laat niet met zich sollen.
5. Voor huidige leraren is het **noodzakelijk dat ze een band hebben** met leerlingen. Die band is noodzakelijk om de klas te sturen. Zonder band

* Ik probeer oordeelloos de verschijnselen te beschrijven. Als persoon vind ik de horizontalisering een positieve ontwikkeling. Én tegelijkertijd leidt deze bij leraren en andere gezagsdragers tot forse problemen. Bij wat we 'korte lontjes' noemen, i.h.a. bij ontregelde jongeren, komt de botsing het scherpst naar voren.

geen leren. In een verticale cultuur was binding prettig maar minder noodzakelijk. In die tijd was de hiërarchie belangrijker als stuurinstrument.

6. In een horizontale cultuur voelen leerlingen zich snéller vernederd, éérder **aangetast in hun waardigheid, ze eisen vaker respect**. In een verticale cultuur ken je je plaats en je berust daarin. De huidige cultuur benadrukt het vage 'gelijkheid'. Dat suggereert ten onrechte gelijke rechten en gelijke posities.

Leerlingen zijn veranderd
Als u doet zoals men het vroeger deed, dan bent u als een timmerman die bij een schroef een hamer zou gebruiken. Een vakman gebruikt bij een schroef een schroevendraaier, bij een spijker een hamer. Dat is professionaliteit.

Do's and don'ts:*

7. In een verticale wereld kon een conciërge of docent bij het corrigeren woorden gebruiken zoals: ***rommel, beestenbende, herrie, puinhoop, kletsen***. Die woorden deden geen merkbare schade. Huidige jongeren ervaren die woorden als kwetsend. Gebruik: *papier, bekertjes, geluid, praten.*
8. Vroeger was het woord **'docentenkamer'** normaal. Het OOP schikte zich in hun onzichtbare rol onderaan in de schoolhiërarchie. We willen nu dat het 'personeelskamer' heet. Ook de relatie OOP-OP is horizontaler geworden.

* Met veel voorbeelden uitgewerkt in *Korte lontjes, 99 tips.*

9. In een verticale wereld kon je **een leerling afbranden** waar de hele klas bij was. *Dan had je de rest van het jaar geen last meer van hem.* Nu leidt dat tot langdurige wraak.
10. In een verticale cultuur moest je jongeren na een correctie **blijven aankijken** tot ze deden wat u vroeg. Nu werkt dat averechts. Blijven kijken na een correctie wordt nu vaker als vernederend ervaren.
11. In een verticale cultuur kon u leerlingen zonder inleiding corrigeren: *Hou daar mee op, haal die voeten van de bank.* In een meer horizontalere relatie is het **noodzakelijk dat u eerst 'contact' legt:** *Hoi jongens, halen jullie je voeten van de bank?* En dan niet blijven kijken, doorlopen. Tegen een boze vader: *Goeiemorgen, ik zie dat er iets belangrijks is.*
12. Ook **de manier van bekennen** is veranderd. In een verticale cultuur zal een leerling bekennen, zeker als u het gezien hebt. Voor huidige jongeren is bekennen vaker een knieval. Zij voelen vaker: *Je hebt het toch gezien, waarom moet ik dat ook nog vernederend toegeven? Geef me meteen die straf.* Of ze zeggen: *Ik heb het niet gedaan, maar ik betaal wel.*
13. Horizontale jongeren willen na een overtreding vaak wel **meewerken aan herstel**. Maar alleen als dat zonder gezichtsverlies kan: als u ze er níet van beschuldigt dat ze het gedaan hebben: *Ik weet dat jij het niet gedaan hebt, ruim het ff op.*
14. In een horizontale cultuur probeert u, zeker als u de 'overtreding' niet gezien hebt, **de verdachte als helper aan te spreken**. *Willen jullie kijken of je dat mobieltje ergens ziet liggen? Leg het dan ff in mijn postvakje als je wilt, alvast bedankt.*

15. In een verticale cultuur zal een leraar zich zelden **excuseren naar een leerling**. In een horizontale cultuur kan dat wel zonder dat het schade doet aan de relatie.

Als leraren te veel horizontaal zijn:

16. **De valkuil**
In een verticale cultuur is de valkuil dat u misbruik maakt van de relatie. In een horizontale cultuur is de valkuil dat u vriendje wordt.

17. Leraren zeggen in een verticale wereld openlijk dat iets niet mag omdat het tegen de regels is. Leraren die te vaak horizontaal willen zijn, noemen de regels van de school **'afspraken'**. Dat is onwaar en verwarrend. Die leraren suggereren dan dat de school geen regels zou mogen stellen.
NB Op elk sportveld zijn er regels, dat zijn geen onderhandelbare 'afspraken'.
18. Het onduidelijke **'iemand ergens op aanspreken'** is het eufemisme voor 'corrigeren' geworden.
19. Als leerlingen vijftig jaar geleden vroegen '*Waarom moet ik dat doen?*' dan was '*Omdat ik het zeg*' voldoende. Nu geven docenten redenen, verklaringen. De valkuil in deze horizontale cultuur is dat docenten pas een maatregel gaan nemen als de leerling het met die redenen eens is. Ze maken zich dan **afhankelijk van de instemming van de leerling**. Dat leidt tot langdurig gezeur en veel oeverloze 'discussies'.

Andere ouders vinden u ook niet geschikt voor dit vak
Daar wil ik heel graag met ze over praten

32 Paniek bij professionals. *Ik kan het niet meer*

Sinds een aantal jaren zie ik steeds vaker paniek bij ervaren leraren omdat het lesgeven ze opeens niet meer lukt. Het gaat steeds om uitstekende docenten. Ze zijn krachtig en sensitief, alles wat een leraar nodig heeft. Ze hebben altijd gezegd: *geef mij de moeilijke klassen maar.* Maar nu hebben ze opeens een klas, klassen waar het niet meer mee lukt. Ze dachten met gemak hun pensioen te halen, en nu dit. Echte paniek bij die professionals.

'Vroeger' werkte de harde hand

Je moest goed zijn in 'verticale', hiërarchische vaardigheden. Door talloze oudere docenten is mij als beginnend leraar (1965) verteld wat ik moest doen als een leerling zich misdragen had: *Dan haal je zo'n leerling naar voren en dan brand je hem helemaal af waar iedereen bij is. Dan zal hij het voortaan wel laten!* Dat werkte toen vrijwel overal nog. Het zou nu niet meer geaccepteerd worden door die leerling, de klasgenoten, het schoolteam, de Inspectie en de ouders.

Als een kind geslagen had, dan ging de docent voor hem staan: *Er wordt hier op school niet geslagen. Ook als een ander begint, jij gaat niet slaan. Heb je dat begrepen?* In een wereld vol hiërarchie werkte dat, of leek het te werken. In vechttermen is dit karate of beter: kickboksen.

In de huidige wereld moet een leraar sterk zijn in contact leggen.

Tegenwoordig zijn de relaties tussen ouderen en jongeren veel horizontaler. Het verticale dwingen en straffen werkt nauwelijks nog. De kunst is: contact hebben zonder vriendje te worden. U moet altijd autoriteit blijven in de klas.

DEZE KLAS HAALT HET BLOED ONDER MIJN NAGELS VANDAAN

Hier het verhaal van een docente die jarenlang probleemloos de moeilijkste klassen aankon. Nu echter heeft ze een klas met een groep 'zeer moeilijke meiden'. *Ze halen het bloed onder mijn nagels vandaan. Ik ben na twee minuten al niet meer professioneel in die klas. Ik heb het altijd gekund, en nu opeens dit...* Ze voelde dat harde maatregelen, straf en dwang niet zouden helpen. Ze besloot het anders aan te pakken.

Op een ochtend doet zich alwéér een incident voor. Emma, de *queen bee*, heeft een meisje geslagen omdat die haar beledigd had. Om 12 uur heeft de docente een gesprek met Emma, uiteraard onder vier ogen.

Het gesprek bestaat uit vier belangrijke fasen.

Gesprek met Emma, de queen bee

De docente:

(1) *Vertel, wat is er gebeurd?...*

(2) *Emma, jij laat niet over je heen lopen, dat is een goede eigenschap. Jij laat niet met je sollen. Als jij iets wilt, dan heb je een enorme drive om dat te laten lukken. Dat is een waardevolle karaktertrek van je. Daar zul je later in je leven nog heel veel voordeel van hebben.*

(3) *EN*

(4) *Ik wil niet dat je iemand slaat, ik wil ook niet dat iemand jou slaat.*

Later bespreekt ze hoe Emma op een andere manier kan reageren als ze beledigd wordt.*

Wat hier gebeurt:

1. De docente begint met het stellen van een open vraag. Niet beschuldigend. Met *Waarom heb je dat gedaan?* zou het meteen weer escaleren. *Wat is er gebeurd?* heeft een veel beter effect.
2. De docente legt contact. Ze richt zich op Emma's positieve eigenschappen zodat zij zich gewaardeerd en belangrijk voelt. Pas dan zal ze naar de docente luisteren.
   Positieve eigenschappen zoeken is soms moeilijk, u moet er uw best voor doen én u moet ze menen. Maar u hebt geen keuze. Positief contact is een voorwaarde voor de volgende twee stappen.
3. Ze gebruikt het verbindingswoord EN.
   Als ze 'MAAR' zou hebben gebruikt, dan zegt ze dat het voorafgaande (2) nep was. Let op de gevoelswaarde van: *Je laat niet met je sollen, maar...; Je was altijd een goede echtgenote voor me, maar...*
4. De docente zegt wat ze wil. Ze maakt duidelijk dat dit voor iedereen geldt, niet alleen voor haar. Dat doet ze door een dubbel perspectief. Hiermee vermijdt ze de reactie: *U moet altijd mij hebben.*
   Ik wil niet dat je iemand slaat, ik wil ook niet dat iemand jou slaat.

* ZE KRIJGT OOK STRAF o.a. om naar de klas toe te markeren dat slaan niet geaccepteerd wordt. Ze accepteerde haar straf, waarschijnlijk omdat ze als mens 'heel' gelaten was. Ze heeft zich ook moeten excuseren naar de geslagen leerlinge.

Ik wil niet dat je iemand pest, ik wil ook niet dat anderen jou pesten.
Ik wil niet dat je discrimineert, ik wil ook niet dat anderen jou discrimineren.
Ik wil niet dat je scheldt, ik wil ook niet dat anderen jou uitschelden.

De eerste fase is het moeilijkst. De docente was immers boos, nu moet ze zichzelf in een andere modus brengen.
Van geagiteerd naar → rust.
Van negatief over Emma → gericht op Emma's positieve kanten.
Emma als tegenstander zien → Emma benutten als deel van de oplossing.
Van primaire boosheid en afkeer naar → verbinding met Emma.

Stevig of smekend
Buitengewoon belangrijk is de ondertoon van de docente. Ze moet (liefdevol) in verbinding blijven met Emma én ze moet stevig zijn, ze meent wat ze zegt. Als de docente onderdanig smekerig aardig gevonden wil worden, dan ruikt Emma haar kans en wordt zij de baas.

Als mens heel gehouden
Bij de start (fase 1, 2) wordt Emma als mens heel gehouden, ze voelt zich niet als mens verworpen, dat is wezenlijk, vooral bij kwetsbare mensen. De leerling weet dan dat niet hij/zij wordt afgewezen, maar dat het gaat om het slaan, het gedrag. *Je bent een goed meisje EN dit kan niet.*

Na fase 4 accepteert de leerling daardoor in veel gevallen de straf. Ze snapt het, is het er eigenlijk ook wel mee eens. Een leerling werkt daarna bovendien vaak vrijwillig mee aan de verbetering van de situatie.

U begrijpt dat dit alleen kan lukken als er een redelijk goede band is tussen u en de leerling. Er mag niet te veel oude wrok zijn die de relatie verziekt. Zonder band redt u het niet meer, zeker niet in moeilijke klassen.

Wat nutteloos zou zijn geweest

Zeggen dat slaan niet toegestaan is. *Dat weet ze allang.*
Vragen of ze geen normen en waarden heeft. *Ze lacht u uit.*
Flink kwaad worden. *Ze sluit zich af.*
Haar in de grond stampen. *Dat bevestigt haar dat iedereen tegen haar is.*

Deze docente gaat niet **v**echten, **v**luchten of **v**erstijven. Ze gaat **v**erbinden.

Werkt dit altijd? Nee, maar elk alternatief is nog minder effectief. Deze vierstappenmethode kunt u ook bij collega's en in uw privéleven gebruiken

33 Contact leggen met moeilijke leerlingen

Door onderstaande hulpzinnen hebt u een grotere kans dat de leerling van zenden op luisteren komt te staan.

Contact leggen door aan te sluiten bij de leerling
Hieronder een verzameling hulpzinnen. U gebruikt ze om contact te krijgen. U gebruikt ze alleen als u ze op dat moment kunt menen. Leerlingen hebben het meteen door als u nep bent. Gebruik niet *cool* als dat niet bij u past.

Als u het contact gelegd hebt, dan maakt u duidelijk wat u wilt. Doe dat bijvoorbeeld op de manier zoals in het vorige hoofdstukje 'Paniek bij professionals' stond.

Nog een opmerking vooraf. Elke zin kunt u smekerig, onderdanig, trillerig, vind-me-aardig zeggen. Dat voelt de leerling, dat werkt niet. Wees stevig. U hebt de regie.

Dominante leerlingen:
- Jij kunt goed voor jezelf opkomen...
- Jij kunt heel goed mensen voor je winnen...
- ...in staat om mensen te beïnvloeden, ze mee te krijgen...
- Jij bent geen volger, meer een leiderstype...
- Jij bent belangrijk in de klas...
- Als jij iets wilt, dan gaat het je vaak lukken...
- Daar zul je later nog veel plezier van hebben...
- In het bedrijfsleven hebben ze mensen zoals jij nodig...
- Jij laat niet over je heen lopen, niet met je sollen...

- Jij kunt mensen mobiliseren...
- Jij moet een enorme praktische mensenkennis hebben.
- Je bent een sfeermaker...
- Jij zult later goed leiding kunnen geven aan...
- Ze moeten jou niet fucken...
- Jij bent met woorden sterk maar ook met je gezichtsuitdrukking.
- Jij kunt veel gevoel in je stem leggen...
- Jij straalt veel kracht uit...

  ...EN IK WIL NIET DAT JE ANDEREN ONDER DRUK ZET, IK WIL OOK NIET DAT ZE JOU ONDER DRUK ZETTEN.

  Of positiever: ...IK WIL DAT IEDEREEN ZICHZELF KAN ZIJN, ANDEREN OOK, JIJ OOK.

Een lastige, drukke leerling:

- Jij kunt heel snel denken...
- Jij kunt wel zes dingen tegelijk...
- Jij bent heel levendig in je hoofd...
- Jij kunt snel schakelen...
- Je bent beweeglijk, jij zult niet vastroesten.
- Jij leeft in een hogere versnelling dan de meeste anderen...
- Als er veel tegelijk gebeuren moet, dan moeten ze jou hebben...
- Jouw handschrift is geheimschrift. Als je spion was, kon niemand het ontcijferen...
- Als jij er niet bent is het rustig maar ook een beetje saai in de les...
- Je bent expressief met je ogen, je handen...

  ...EN IK WIL NIET DAT JE ANDEREN VAN HUN WERK AFHOUDT, IK WIL OOK NIET DAT ZE JOU VAN JE WERK AFHOUDEN.

Of positiever: IK WIL DAT IEDEREEN DE KANS HEEFT OM TE KUNNEN WERKEN, JIJ OOK.

Als u deze zinnen buiten de context leest, dan zijn het belachelijke zinnen. Alsof u het foute gedrag goedpraat, maar dat is niet zo. U probeert zich in te leven in de leerling en legt zo contact. De leerling voelt zich dan begrepen en zelfs gewaardeerd. Vanuit dat contact probeert u hem, haar tot verandering te brengen. U schakelt dus de 'dader' in als helper.

Een leerling die geslagen heeft:

- Jij bent niet bang...
- Jij kunt jezelf verdedigen...
- Jij laat je niet beledigen...
- Jij bent sterk...
- Jij bent niet zo'n prater...
- Wat goed dat je je gisteren beheerste, ik zag hoe moeilijk dat voor je was...
- Jij houdt ervan om dingen snel op te lossen...
- Jij houdt van aanpakken...
- Jij vindt het niet erg om een blauw oog te krijgen...
- Jij zou heel goed mensen kunnen verdedigen...
- Een vriend kan op jouw hulp rekenen...

EN IK WIL NIET DAT JE IEMAND SLAAT, IK WIL OOK NIET DAT ANDEREN JOU SLAAN.

Of positiever: IK WIL DAT WE EEN MENINGSVERSCHIL MET PRÁTEN OPLOSSEN.

Een kwetsende, pestende leerling

- Jij weet wat de zwakke plek van iemand is. Je bent eigenlijk een goede psycholoog. Je zou Zorg en Welzijn kunnen kiezen.
- Je weet hoe je iemand trefzeker kwetsen kunt. Dan kun je ook mensen helpen als die je hulp nodig hebben.
- Eigenlijk ben je eerlijk, jij zegt rechtstreeks wat je van iemand vindt.
- Jij bent niet alleen met woorden sterk, ook non-verbaal straal je kracht uit.

...EN IK WIL NIET DAT JE IEMAND PEST, IK WIL OOK NIET DAT ANDEREN JOU PESTEN.

Of positiever: IK WIL DAT IEDEREEN ZICH VEILIG VOELT IN DE KLAS, JIJ OOK.

6 of 9?
Laten we het over de prestaties hebben
9

34 Méérdere druktemakers in één klas

Rond 1965 hadden docenten maximaal één 'storingsbron' per drie klassen. Nu hebt u er soms drie in één klas. Of meer.

Wat docenten vanuit primair reageren soms doen:
Heel vaak ontstaat een patroon waarbij de drukke leerlingen elkaar als storende factor afwisselen. Hoe gaat dat vaak?

- De docent hoort lawaai en roept op afstand: *Sem, Youssef, hou daarmee op, stoppen daarmee, kappen nou.*
- Tussendoor kleine bedreigingen: *Als je daarmee doorgaat, dan...*
  Verwijten: *Het is iedere keer hetzelfde met jou.*
  Beledigingen: *Het zal Youssef weer niet zijn.*
  Wanhoop: *Kan je nou niet eens eindelijk daarmee stoppen alsjeblieft! Hoe vaak moet ik...*
- De docent loopt met boze stappen op de leerling af. Die staat meteen in het centrum van de aandacht. Die móet dan groots reageren.
- Als die ene leerling even rustig is, dan vraagt de volgende alle aandacht. Dus daarnaartoe...
- Tussendoor vragen serieuze leerlingen om hen met de lesstof te helpen. Dat vergroot de machteloosheid van de docent.

Het overall beeld is: wanhoop, hectiek, hoge emoties, machteloze verwijten, dus geen leerklimaat. De docent is de regie kwijt.

NB Het woord druktemaker

Als u het woord druktemaker gebruikt, dan hebt u de leerling negatief gestereotypeerd. U kunt hem alleen nog maar als druktemaker zien.

Probeer de leerling te zien als uitdaging, een lastige kluif voor uw professionaliteit, u hebt geen keus. Besef: *als me dit zou lukken, dan kan ik in de toekomst* álle *leerlingen aan!*

In theorie is dit uw keuze

Ofwel u probeert de leerlingen met macht te bedwingen. U dreigt, u straft. Extreem gedacht: u zet een mitrailleur op uw bureau, *dan luisteren ze wel.*

Ofwel u probeert de band met de klas te verstevigen. Vanuit die band heeft het vaker effect als u om medewerking vraagt. Dan gaan bovendien de leerlingen veel meer elkaar corrigeren.

Het is steeds minder mogelijk leerlingen met macht te beteugelen, ze zijn niet onder de indruk van uw macht. U móet zeker 80 procent van de klas mee hebben om met de moeilijke 20 procent te dealen.

Wat kan soms verbetering brengen?

Iedere klas is anders en wat bij de ene docent wel werkt, werkt niet bij een ander. Wat vandaag prima uitpakt, heeft morgen geen resultaat, het is niet anders. Zorg er in elk geval voor dat het aantal lastige leerlingen niet nog verder toeneemt!

Dit kan u wellicht helpen.

- U blijft rustig. U gaat bewust niet mee in de onrust. U neemt niet de luidheid van praten over. U

gaat niet mee in het gebruik van ruwe taal. U haalt rustig adem, u kijkt naar uw klas. Door uw glimlach zien de leerlingen dat u de regie hebt.
Uw rust geeft u macht.

- Misschien gaat u rustig naar een leerling toe terwijl u doorgaat met lesgeven. U gaat zeker niet met grote stappen op hen af! Let op dit taalgebruik, het zet u in een andere modus.
- U probeert invloed uit te oefenen met kleine middelen:
  - U maakt op afstand een hoofdbeweging *Ik heb je gezien, ga ff aan je werk.*
  - U fluistert in plaats van luid te corrigeren.
- Na deze waarschuwing níet blijven kijken of hij het doet.
- U zet daarmee de leerling niet in het centrum van de aandacht. U geeft hem de kans zijn waardigheid te behouden als hij ermee stopt.
- Als u iemand de klas uit stuurt, doe dat rustig, blijf in contact:
  - *Sem, het gaat nu ff niet. Ga ff naar de gang, kom over drie minuten terug. Hou je zelf de tijd in de gaten?*
  - *Loop ff mee.* En u gaat hem voor naar de gang.
  - *Amar, je hebt beweging nodig. Ga ff naar de wc.* Ja maar, ik moet helemaal niet. *Ga toch maar ff voor de zekerheid.*

De blik van een buitenstaander

U bent onderdeel van het interactiepatroon met de klas. Dat betekent dat u per definitie niet goed kunt zien hoe uzelf dat patroon in stand houdt. U hebt een buitenstaander nodig om u dat te laten zien: wat doe ik om het in stand te houden of te verergeren?

U kunt steun vragen van leerlingen: *Wat doe ik waardoor het zo gaat? Zou ik iets kunnen veranderen?*

U kunt steun vragen van een collega, een IB'er e.a. Bij vakmanschap hoort dat u collega's inschakelt. Artsen noemen het een medische consultatie. Iedere vakman consulteert collega's. Uw werk is te moeilijk om het alleen te doen.

Hoe voorkomt u dat u meerdere storingsbronnen hebt? Enkele gouden regels

- Op schoolniveau: zorg ervoor dat de regels duidelijk zijn en door iedereen worden gehandhaafd. Op zo'n school hebben uw woorden daardoor 70 procent meer uitwerking.
- Leg contact met leerlingen op het moment dat er (nog) niets aan de hand is.
- Investeer extra in contact met lastige leerlingen, soms dus met drie of vier leerlingen per klas. U moet wel.
- U zult positieve eigenschappen in uw lastige leerlingen moeten vinden. Pas als hij die van u hoort is hij misschien bereid naar u te luisteren en wellicht te veranderen. Zie het artikel met de hulpzinnen bij het contact leggen.
- Hebt u een band? Dan kan dit misschien:
  Sem, Youssef, wil je me helpen? Jij bent belangrijk in de klas. Als jij iets niet wilt... Als leraar kan ik dit niet alleen. Wil jij me helpen om...
  Kunt u het niet alleen dan?
  Klopt, ik heb jou nodig.
  U zegt dit vanuit kracht, niet vanuit smekerigheid. U maakt hem belangrijk.

Tot slot

De rest van de klas, de meeste leerlingen willen gewoon leren. Daar hebben ze recht op.

U hebt ook recht op rust. Het bovenstaande paniekvoetbal houdt u niet lang vol.

35 U moet steviger zijn

U moet steviger zijn dan 'vroeger' omdat er meer ontregelde leerlingen en ouders zijn. Ze kunnen minder goed hun impulsen beheersen.

Bij het opvoeden ligt minder dan vroeger nadruk op zelfbeheersing. Jongeren hebben daardoor minder ervaring met uitstellen, op hun beurt wachten, zich concentreren, iets doen wat niet leuk is, etc. Uw leerlingen willen daardoor vaker meteen aandacht. Als ze trek hebben, willen ze meteen eten. Als ze iets willen zeggen, gaan ze vaker meteen praten. Voor sommige ouders geldt hetzelfde: die willen vaker meteen de leerkracht spreken en eisen dan meteen maatregelen.

Omdat leerlingen en ouders vaker ontregeld zijn, moet u als persoon steviger zijn om hun impulsieve gedrag te beteugelen. Ook de school als geheel moet steviger, duidelijker zijn. Daarom is het, veel meer dan vroeger, noodzakelijk dat leerkrachten op één lijn zitten over bijv. niet rennen op de gang, geen brood eten in de klas, geen mobiels tenzij die nodig zijn, geen k-woorden, de kantine schoon achterlaten. Van ouders accepteert u geen beledigende toon, bedreigingen of bijv. impulsmails.

Leerlingen en ouders zien in één seconde of u die stevigheid hebt.

Herkent u dit:

- U gaat opzij als er druk op u wordt uitgeoefend,
- U bent van slag bij agressieve taal, bij scheldwoorden, etc.,

- U wilt meer dan gemiddeld aardig gevonden worden.
- U durft niet goed iemand tegen te spreken, te begrenzen,
- U bent pakbaar op kwetsbare punten,
- U neigt ertoe over uw grens te laten gaan,
- U vermijdt moeilijke gesprekken.

Het is heel begrijpelijk dat veel leraren dit herkennen. Leraarschap behoort immers tot de waardevolle 'zachte' beroepen. Leraren moeten kunnen luisteren, zich inleven, invoelen, ontvankelijk zijn, etc. Dat is en blijft belangrijk. En: in de huidige tijd moet u daarnaast óók een aantal harde, stevige vaardigheden ontwikkelen.

Wist u dat er een school is die voor hun beginnende leerkrachten gratis vijf lessen karate betaalt? Niet met de bedoeling dat ze ooit gaan vechten, maar om steviger te worden en om die stevigheid uit te stralen.*

* In *Machomannetjes* staan twee prima hoofdstukken over dit thema. U móet ze lezen als dit voor u van belang is. Hoofdstuk VI: 'Harde en zachte leerlingen'. Hoofdstuk XIII: 'Uw harde kant ontwikkelen'.

36 Hondsbrutaal: *Zo praat je niet tegen mij*

Voorbeelden:

Leerling: *Ik heb helemaal geen reet aan jou (als leraar).*

Wáár raakt dit u?

- *Ik heb helemaal geen reet aan jou.*
  Bent u geraakt in uw kern, aangetast in uw beroepseer, in uw persoonlijke waardigheid? Dan is de kans groot dat u vanuit uw primaire emoties gaat **vechten**. U gaat dan getergd terugslaan: *Eruit jij...* Of u reageert met **vluchten** of **verstijven**: u wordt stil, teruggetrokken, verdrietig, voelt zich miskend, etc.
- *Ik heb helemaal geen reet aan jou.*
  U vindt het taalgebruik natuurlijk totaal onbehoorlijk. En u beseft dat ze het niet tegen u als persoon hebben, maar tegen uw functie. U kunt dan als professional met **verbinding** reageren. U blijft in rust, ook als u straf zou geven:
  - o *Ga zitten, vertel. Er moet iets zijn, anders zeg je dit niet.*
    Pas later hebt u het over zijn taalgebruik: *Ik kon bijna niet naar je luisteren toen je... Hoe had je dat nou anders kunnen zeggen?*
  - o *Ik hoorde iets geks, ik hoorde het vast niet goed, ik heb het ff aan mijn oren. We beginnen opnieuw. Kom nog eens naar binnen.*
  - o *Amar, dit is je buitenkant, dit ben je niet echt, dit is je schilletje. Ik weet dat er een heel aardige jongen in je zit, dat is de echte Amar.*

- *Sem, wat zeg je nou? Zo praat je toch niet tegen me? Dat weet je toch wel.*
- *Jasmien, als je zo praat kan ik niet goed naar je luisteren.*
- *Nora, ik zie je om vier uur, tot straks.*
- *Emma, als jij leraar was, wat zou jij voelen als je dit hoort?*

Leerlinge: *Jij moet gewoon je mond houden, snap je dat?*

Dit zegt de leerlinge tegen de docente. Ook hier is van belang wáár het u raakt.

Stel dat u zegt: *Zoiets zeg je toch niet!* Die woorden kunt u zeggen met een liefdevolle intonatie (verbinding, verbazing, zo ben je niet, dit is je buitenkant) of met een totale afkeer intonatie. Het is maar net hoe u geraakt bent.

Dat geldt ook voor:
Ik ben helemaal verbaasd, ik weet ff niet wat ik zeggen moet.
Ik heb het niet gehoord, we gaan door met de les. U komt er natuurlijk later op terug.

Grove pijnlijke woorden (k-woorden; homo)

U kunt vol gas tegen de k-woorden ingaan (karate). Dat werkt meestal averechts: *Ik wil dat soort woorden absoluut niet meer horen, want anders...* tja, wat anders?

U bereikt veel meer met de 'judomethode', eerst verbinden, daarna begrenzen: *Je bedoelt er niets mee, dat weet ik wel. Je kan niet weten dat ik pas in mijn familie... Probeer andere woorden te gebruiken als je wilt, be-*

dankt hè. Lukt het je om op zo'n moment 'kanis' te zeggen?*

Noemen de leerlingen elkaar alledaags: *'homo'*, *'hoertje'*, etc.? U hebt de grootste kans op verandering met: *Je bedoelt er niks mee, dat weet ik wel, maar ik vind het zo grof klinken.* Vooral bij vrouwelijke docenten werkt: *Doe het voor mij.*

Het gaat waarschijnlijk gewoon door, gewoontes veranderen niet zo snel. Kunt u dan dit zeggen:
Chantal, wat zou ik kunnen doen zodat je dit een ietsje minder vaak gaat zeggen?
Chantal, ik ga je nu straf geven, want dit soort woorden kunnen natuurlijk niet. Ik denk trouwens dat straf niet echt helpt. Wil je er onder het strafwerk eens over nadenken wat wel zou helpen? Alvast bedankt, hè.

Esma blijft de k-woorden gebruiken. Ik bel haar ouders

Dag mevrouw, goedemiddag. Bent u de moeder van Esma?
Ja, is er wat?
Ik ben haar mentor van school.
Heeft dat kutkind weer wat uitgehaald? Es, gvd, kom hier, de juf van school aan de lijn. Het zal niet waar zijn, wat jij me voor een ellende geeft.

* Het is een docent in Lelystad gelukt dat de hele klas niet meer het k-woord gebruikt maar 'kanis', met een lekkere harde k. Zo heeft een docent in Rotterdam 'je moeder' weten te vervangen door 'je groenteboer'. Dat is daar volkomen gewoon geworden en het leidt tot minder conflicten.

Ik wil niet dat je dit soort woorden tegen me zegt
U kunt dit boos of verontwaardigd zeggen. De leerlingen horen dan uw machteloosheid. Of u zegt het in rust, bijna fluisterend: *Emma, ik wil niet dat je dit soort woorden tegen me zegt*. Uw rust geeft u macht.

Het extreme woord 'hondsbrutaal'
U vergroot uw hulpeloosheid als u grote woorden zoals *hondsbrutaal* of *onaanvaardbaar* gebruikt. U kunt het gedrag van een leerling ook *brutaal* noemen of *ongepast*. Het is *onbehoorlijk*, het is *zorgelijk* dat ze zo praat.

37 Waardoor ontstaan 'oeverloze discussies'?

Als docenten een beslissing presenteren als een bespreekpunt

Een leerling gaat alleen 'oeverloos discussiëren' als dat hem of haar iets oplevert. Wat doet ú waardoor ú oeverloze discussies bevordert?

> Een leerling spiekt. U ziet het duidelijk. U gaat naar de leerling toe. Wat veel docenten dan doen is raar. Ze gaan vrágen stellen terwijl ze het duidelijk gezien hebben: *Wat doe jij? Zie ik dat goed? Zit jij te spieken?* U nodigt hiermee uit tot 'oeverloze discussies'.

U hebt het spieken duidelijk gezien, u weet dat u wilt/moet confronteren. Wat maakt dat u dan vrágen gaat stellen in plaats van gewoon te zeggen dat de leerling bijv. een 1 heeft?

Er zijn twee mogelijkheden:

1. Misschien wilt u 'deep down' aardig gevonden worden. U wilt dan, ook in deze situatie, een conflict vermijden. U hoopt op: *U hebt gelijk, sorry, ik zat te spieken.* U wilt dan dat de leerling conflictloos zal instemmen met uw straf.
2. U kunt ook meer taakgericht zijn. U bent docent, een leerling hoort niet te spieken. Dan wilt u waarschijnlijk dat de leerling zich verontschuldigend opstelt: *sorry, neem me niet kwalijk...*

U had ook kunnen zeggen: *Je hebt een 1, we spieken hier niet*. Dat is duidelijke taal bij een verticaal besluit. Natuurlijk pruttelt de leerling ook dan tegen, dat moet t.o.v. zijn vrienden. Maar hij weet ook dat die 1 een feit is. Het is puntcommunicatie, geen kommacommunicatie.

Door zeuren je zin krijgen

De leerlingen die u in de klas krijgt, hebben al talloze malen geleerd dat zeuren helpt.

Peter moet om kwart voor acht naar bed, zijn ouders willen naar het journaal kijken. *Nog ff mijn spelletje afmaken, ik ben bijna klaar, ik zit net op een nieuw level, heel eventjes nog, dan ga ik echt*. Om vijf voor acht zeggen de ouders uiteindelijk: *Blijf dan nog maar even op tot ná het journaal, maar dan wel meteen daarna...* Verstandige ouders waarschuwen om halfacht: *Je hebt nog een kwartier, maak je je spelletje af?* En om kwart voor acht: *Hup, naar boven, ik loop gezellig met je mee*.

Een badmeester ziet duidelijk dat een jongen aan meisjes zit. Sommigen gaan vragen stellen: *Wat doe jij daar? Denk je dat ze dat leuk vindt?* De badmeester had ook kunnen zeggen: *Eruit jij, moven, het zwembad uit*.

U wilt uw relatie beëindigen, u hebt het besloten. U gaat dan misschien toch vragen stellen in plaats van uw beslissing mee te delen: *Vind jij dat het nog goed gaat tussen ons?* En later: *Vind jij dat we bij elkaar moeten blijven?*

U ziet in het bovenstaande dat de uitdrukking 'grenzen stellen' twee verschillende betekenissen heeft.

- U kunt met woorden zéggen wat de grens is met een verzoekende, smekende, om instemming vragende ondertoon: *Je mag niet aan de tv komen, dat mag niet, het mag echt niet*, etc. Dat leidt vaak tot oeverloos gezeur.
- Grenzen stellen kan ook betekenen: de grens stéllen en daarnaar handelen, bijvoorbeeld: *Je hebt een 1. Hup, mee naar boven. Blijf daarvan af. Moven, het zwembad uit. Ik vind het moeilijk om het je te zeggen, maar ik ga ergens anders wonen.*

Tot slot

U zult misschien merken dat u in het begin onvriendelijk, nors, zelfs vijandig wordt als u duidelijker, helderder wordt in het stellen van grenzen. Na verloop van tijd went dat. Dan wordt u op een vriendelijke manier duidelijk.

Voor leerlingen is het zeer vormend, zeer volwassen makend als hun gedrag gevolgen heeft. Pamperen houdt ze infantiel en klein. Vriendelijke duidelijkheid doet ze groeien: de omgeving neemt hen serieus, daardoor gaan ze zichzelf serieus nemen.

38 Je voelt hun minachting als je vrouw bent

Veel vrouwen in het onderwijs voelen dat ze door ouders en leerlingen minder serieus genomen worden dan hun mannelijke collega's. Er is meer twijfel aan hun kundigheid. *Ben je wel een goede docente, ben je wel in staat om directielid te zijn?* Meestal is dat gevoel vaag, soms is het duidelijk aanwijsbaar. Mannen lijken automatisch meer gezag te krijgen, als vrouw moet je het verdienen.

Culturele verklaringen

Meestal denken docentes hierbij aan ouders en leerlingen uit Arabische landen, daar is dit het meest duidelijk, maar het verschijnsel is breder.

In alle agrarische (niet-industriële) culturen (Nederland tot ± 1960) zijn mannen er in de opvoeding voor de regels, voor het straffen. Vrouwen zijn er voor het zachte, voor het troosten, zorgen, het lieve, bemiddelen, etc. Wie zo opgevoed is, verwacht van vrouwen zachtheid, vriendelijkheid, meegaandheid. Je 'weet' dat je vrouwen een beetje onder druk moet zetten, dan buigen ze. Onbewust past het dan niet bij vrouwen dat ze grenzen stellen, iets van je eisen, straf geven, stevige maatregelen nemen, etc.

Dat is het onbewuste beeld dat oudere Nederlanders (ook ik voel dit nog deep down) en een deel van de migranten meebrengen naar school. In de orthodoxe variant van alle godsdiensten (joods, christelijk, islamitisch) kunt u deze rolverdeling heel openlijk terugvinden.

Vrouwen moeten als het ware eerst laten zíen dat ze krachtig zijn, stevig zijn, ballen hebben. Pas dan worden ze 100 procent serieus genomen, het is niet anders. U blijft dus gewoon invoelend, sensitief, begrijpend én u bent krachtig, doortastend als dat nodig is.

Op sommige scholen noemen alle docenten zich om deze reden 'leerkracht', niet juf of lerares, om hun fúnctie te benadrukken.
Ik hoef van mijn vader niet naar u te luisteren, u bent maar een vrouw. U vriendelijk: *Thuis is je vader de baas, hier ben ik de* ~~*juf, lerares, docente*~~ *leerkracht. Pak je boek, we zijn op blz...* Meteen de regie nemen.
Om dezelfde reden heet de directie daar directeur of schoolleider.

U wordt getest op een kwetsbaar punt
Er is veel vaker iets heel anders aan de hand.

Leerlingen zijn soms gewoon op zoek naar een zwak punt om u uit uw tent te lokken, een kwetsbaar punt om u te ontregelen. Dat kan zijn uw paardenbek, uw konijnentanden, uw pukkels, dikke kont, kleine borsten *(je bent nog geeneens een vrouw)*, schele ogen, etc. Ze hadden u ook kunnen proberen te pakken op uw leeftijd, diploma, ongetrouwd zijn, etc. maar vrouwen worden vooral gepakt op hun uiterlijk omdat ze daar gevoeliger voor zijn.

Onbewust testen jongeren u met de techniek van 'cold reading': ze maken allerlei opmerkingen over u, net zolang tot ze een gevoelig punt hebben ontdekt.

Als u ongesteld bent, dan hoeft u niet op ons af te reageren. Of: *Vorige maand was u ook al zo streng.*

Het is de kunst dat u in regie blijft als u openlijk of subtiel op uw vrouw-zijn wordt gepakt. U zult zich moeten voorbereiden op opmerkingen die juist ú verwachten kunt zodat u niet meteen van slag bent.* Bereid u voor als uw voornaam 'Titia', 'Herma' of 'Sybille' is of uw achternaam 'Borst' of 'Naaktgeboren'. Bent u klein, groot, dik of dun, u gaat er waarschijnlijk op getest worden.

In contact met ouders

- *Ik weet niet of een vrouw als directeur wel zo'n goed idee is.*
  Vertel, wat is uw twijfel?
  Uiteindelijk: *Dat moet lastig voor u zijn. Ik ben directeur, u moet dit met mij bespreken.*
- *Al die vrouwen in het onderwijs tegenwoordig...*
  Ik ben het met u eens. Wij zouden ook graag meer mannen willen... Maar we doen het goed, hoor.
- *Bij 100 procent vrouwen krijg je toch... eindeloos kletsen... geen besluiten... alleen maar leuk...*
  Dat is absoluut een valkuil in sommige vrouwenteams. Dat houden wij hier goed in de gaten...

In contact met leerlingen

- *Dikke kont.*
  Ja mooi hè. En blij doorgaan met de les. Pas achteraf die jongen daarop aanspreken. Soms direct confronteren: *Dat soort dingen wil ik niet horen, dat is beledigend en dat weet je.*

* De Friese voornamen Fokje, Befke en Tietje kunnen ook tot lastige klassensituaties leiden.

- *Herma, sperma, Herma, sperma.*
  Wil jij een spreekbeurt houden/werkstuk maken over sperma, dat is een interessant onderwerp. En voor jou als man extra belangrijk.
- *Bent u soms ongesteld?*
  Soms wel.
  Ja, en hou er maar rekening mee want ik ben niet in een goeie stemming.
  Voor jou het hele jaar door.
  Dit vraag je niet. Kom om vier uur even langs. (Ja, maar ik vróeg het alleen maar. Daarom juist.)
- Achternaam Naaktgeboren.
  Het is wel bijzonder hoor om zo'n achternaam te hebben. Of: *Dachten jullie soms dat kindertjes in de moederbuik al kleertjes aan hebben?*
  We zijn allemaal naakt geboren maar ik ben de enige die zo mag heten
- *Wat een kleine borsten, u bent nog geeneens een vrouw.*
  Ik ben er blij mee, zware borsten lijkt me lastig. En gewoon doorgaan met de les. Later aanspreken.
- *Grote borsten!*
  Goed gezien, nou ja als je dat niet zag, dan moest je naar de oogarts.
  Past het bij u om te zeggen: *Klopt, ik heb maat DD, de super cup.* En lachend verdergaan met de les.
- *U kunt nog geeneens een man krijgen.*
  Je vergist je. Tot nu toe is er geen man goed genoeg voor mij.
- *Juf, hoe is uw seksleven?*
  Dat zal ik thuis even aan mijn man vragen. En ga nu maar weer aan het werk.

Eruit jij
Kutwij

39 Nog net even snel '*kutwijf*' zeggen

U stuurt een leerling(e) de klas uit. Mokkend loopt die naar buiten. U hoort nog net *kutwijf* of *vieze flikker*. Hoe kunt u reageren op dit soort 'nabranders'?

Wat is het (halfbewuste) doel van dit soort 'nabranders'?

Waarom wil hij/zij het 'laatste woord'?

- De leerling wil zijn frustratie kwijt.
- De leerling probeert tegenover zichzelf en de klas zijn waardigheid te redden. Hij is er immers uitgestuurd. Hij verkleint zijn afgang, hij laat zien dat hij veel durft. Hij doet aan *face management*.
- En hij hoopt dat u zult reageren. Als u zou zeggen *Wat zei jij daar? Hoor ik dat goed?*, dan gaat het gevecht door. Dan gaat hij ontkennen of bagatelliseren en zal zeer verongelijkt zijn. U geeft hem dan de kans dat hij zich opnieuw kan profileren.
- Er zijn ook leerlingen bij wie het masculiene dieper zit. Zij, vooral de jongens maar ook de meisjes, kunnen de overtuiging hebben dat het een teken van lafheid is als de docent niet zou reageren op zo'n belediging.* Voor hen kan de nabrander een test zijn om te kijken of u écht een sterke leraar bent: *is zij sterk of slap?*

* *R. Ermers, Honor related violence*, blz. 151, Londen, 2018

Het schilletje
Een zeer geliefde docente in Zaandam werd 'het schilletje' genoemd. Als leerlingen zich misdroegen zei ze in een nagesprek altijd, met liefde: *Dit was je buitenkant, je schilletje. Vanbinnen ben je anders.* Het heeft veel leerlingen waardevolle zelfkennis bijgebracht.

Nabranders, varianten

Er zijn voor een leerling veel manieren om de waardigheid te herstellen. Hij kan een schop tegen de deur geven, de deur keihard dichtslaan, iets op de grond gooien, verontwaardigd sissen (*sssst*), dingen zeggen zoals *kutwijf, vieze flikker, vuile jood, kutzooi, pedofiel, klotezooi, kankerzooi, flikker op, SS'er, vieze Turk, je bent nog geeneens een Nederlander, lesbo, homo,* etc. Leerlingen weten vaak vrij goed hoe ze de docent kunnen treffen: ze pakken u op een kwetsbaar punt.

Reageren vanuit uw gekwetstheid of professioneel reageren

Als u geraakt wordt op een kwetsbaar punt, dan wordt de kans groter dat u niet verstandig reageert. Vanuit uw primaire grondhouding bent u misschien een vechter. Dan hapt u misschien meteen toe. *Wat zei jij daar? Zei jij kutwijf tegen mij?* Meestal zal de leerling zeggen:

Ik zei niet jood, ik zei idioot. Dat hebben jullie (tegen medeleerlingen) *ook gehoord, hè?*
Ik zei niet kutzooi, ik zei 'dat is niet mooi'.
Ik zei niet SS, ik deed alleen maar sssst.
Ik was gewoon boos, ik bedoelde er helemaal niks mee.

Als u geneigd bent om snel toe te happen: leer uw kwetsbare kanten kennen. Ga ermee aan de slag. U kunt uw primaire reageren vervangen door professioneel reageren.*

De hele klas kijkt toe

U beseft dat de hele klas naar de leerling, maar ook naar u kijkt. *Hoe zal de leraar reageren?* Het geeft u rust als u beseft dat de klas weet dat zoiets bij u nooit onbestraft blijft. Ook als u op dit moment 'niets' zou doen, ook dan weet de klas uit ervaring dat u er later op terugkomt. Zorg er dus voor dat u dit soort beledigingen vanaf de eerste dag niet zomaar laat passeren.

Uw taal beïnvloedt uw denken: *zuigen, sarren, etter*

Het is belangrijk hoe u voor uzelf de nabrander-situatie beschrijft.

U wordt ónprofessioneel als u denkt in termen van sarren, tarten, zuigen of etteren. *Zit je me weer te sarren, jij altijd met dat onsympathieke gedoe van je. Hou op met dat treiteren man. Ik heb geen zin in dat zuigen van je. Etter die je bent.* U bent dan niet meer in verbinding, dit is taalgebruik waarmee u de leerling als het ware wilt vernietigen.

Het gedrag van de leerling is al onaanvaardbaar. Blijf dus zelf beschaafd, hou de regie. Besef dat de leerling zijn waardigheid wil redden. Het gaat om gezichtsverlies, een afgang vermijden.

* Zie hoofdstuk 11 'Ze pakken je op je zwakste punt' in *Machomannetjes.*

Wat kunt u doen?

- U kunt ervoor kiezen om op dat moment niets tegen de leerling te zeggen. In sommige situaties is 'niets doen' het allerbeste. Probeer u hier dan goed bij te voelen. Het is geen verlies of afdruipen als u doordacht 'niets' doet. U hebt dan de regie.
- Bent u verbijsterd? Weet u niet wat u zeggen moet? *Nou... ik weet echt niet wat ik hierop zeggen moet. Ik vind dit zo gek... zo raar dat je... helemaal flabbergasted... hier wil ik het op een ander moment met je over hebben.*
- Tegen de klas kunt u zeggen: ***Jullie begrijpen dat ik het hierover met Sem nog ga hebben.*** Hou het rustig. Zeg liever niet: *Hierover is het laatste woord nog niet gesproken; dat zal voor hem nog een staartje hebben.* Dat is dreigtaal, dan bent u gekrenkt in úw waardigheid, dan wilt u stoer zijn.
- Na zijn 'kutwijf' kunt u tegen de leerling zeggen: *Vier uur.* Of rustig: *Daar gaan we het straks ook over hebben.* Afhankelijk van de intonatie gaat u hiermee misschien toch mee in de escalatie. Dan heeft de leerling weer de regie. De kans is namelijk groot dat die zegt: *Waarom? Ik zei toch niks. Iedereen zegt dat. U kan niks hebben.* Hou in rust de regie, anders begint het opnieuw.
- U kunt zacht zeggen: *Joh, je maakt het erger.* U gaat dan niet mee in de strijd, u blijft in contact. Of: *Zo ben je niet. Dit is je buitenkant, je schilletje.*
- Stel dat u van Turkse herkomst bent en de leerling zegt dat u *nog geeneens een Nederlander* bent. U kunt weliswaar rustig zeggen *Ik ben leraar*, of: *Ik ben Nederlander*, maar dan voelt de leerling misschien dat u toch geraakt bent. Kunt u dit: erboven staan, rustig naar de deur wijzen. En er later op terugkomen.

- Het is een keuze om na de nabrander naar de vertrekkende leerling te blijven kijken of dat juist niet te doen en door te gaan met de les. De ervaring is dat blijven kijken vaak tot escalatie leidt.
- Bent u in staat tot humor? De weggestuurde leerling zegt: *Ik ga al, ik moet toch naar de plee.*
  U: *Dat is een goed idee, denk er dan meteen nog ff over na.*

Hoe nabranders voorkomen?

Probeer het klein te houden. Als u de leerling er 'groot' uitstuurt, dan is de kans groter dat die met een nabrander zijn verloren waardigheid wil herstellen.

Zeg liever: *Ga ff de gang op, kom over 5 minuten terug.* Of knik alleen met uw hoofd als teken dat hij de klas uit moet. Ga ook niet dreigend voor hem staan *Eruit, nu!*, dat lukt steeds minder. Loop langs hem heen, zeg bijvoorbeeld: *Loop ff mee.* Zorg dat u de regie houdt.

40 Leerling: *Je bent maar een conciërge*

Dat moet jij opruimen, dat is jouw werk

Vooraf

Op sommige scholen voelen conciërges zich te weinig gewaardeerd, soms zelfs tweederangs behandeld door docenten. Op die scholen komt een beledigende opmerking van een leerling extra hard aan. Een conciërge over zijn contact met docenten: *Ik ben wel dienstbaar maar niet gedienstig.* Docenten realiseren zich deze gevoelens van conciërges meestal niet.

Het zou erg waardevol zijn als docénten ingrijpen als een leerling de conciërge beledigt.
Dit zeg je niet tegen een collega.
Ik wil niet dat je zo over de conciërge, een medewerker, praat. Kom mee.
Zo praat je niet tegen meneer van Dijk.

Primair reageren

Als de opmerking van de leerling u (conciërge) pakt in uw kern, in uw waardigheid, dan bestaat de kans dat u gaat reageren vanuit een van de primaire emoties vechten, vluchten of verstijven.

Als u geneigd bent tot **vechten** zou dit uw reactie kunnen zijn:

- *Wie denk je wel niet dat je bent!*
- *Vind je jezelf nu stoer tussen je vrienden?*
- *Ik laat me niet door zo'n verwend arrogant jochie als jij beledigen!*
- *Je denkt toch niet dat ik ooit nog iets voor jou doe!*
- *Het zou hier een troep worden als niemand het hier schoon houdt.*

Als u van nature meer geneigd bent tot **vluchten** of **verstijven**, dan trekt u zich waarschijnlijk terug. U gaat zich dan misschien gekrenkt of miskend voelen. U krijgt minder plezier in uw werk, u haakt af.

Uw taak
U hebt als conciërge een belangrijke pedagogische, organisatorische en hygiënische taak.
Kunt u hieraan kracht ontlenen? U kunt dan misschien in rust reageren als u beledigd wordt. Dan hebt ú de regie. U laat zich dan niet regeren door de belediging van de leerling.

Professioneel reageren

Nogmaals: u hebt als conciërge een belangrijke pedagogische, organisatorische en hygiënische taak. U bent als professional gericht op het stimuleren van meer volwassen gedrag van de leerling, ook als die u beledigt. U laat zich uiteraard niet alles zeggen EN de manier waarop u dat laat merken heeft tot doel pedagogisch te zijn.

Dat veronderstelt dat u zich niet totaal laat raken, dat u er voor een deel boven staat. Ú houdt dan de regie. U bent wel gekrenkt, maar u reageert niet vanuit die gekrenktheid.

Pedagogisch vechten, confronteren

U kunt kiezen voor ‘pedagogisch vechten’. U wilt de leerling in dat geval niet beschadigen, u vecht niet tégen hem. U vecht vóór iets, voor een opvoedingsdoel. U bent tegen het gedrag van de leerling én u laat hem heel. U zegt rustig, niet cynisch:

- *Loop ff mee naar de directie.*
- Fluisterend: *Dit hoor je niet te zeggen, dat snap je wel. Loop ff mee naar de directie.*
- *Dit laat ik me natuurlijk niet zeggen, dat wist je al.*
- *Ik ben niet 'maar' een conciërge. Ik ben dé conciërge, ruim het ff op.*
- *Je weet wel dat je niet zomaar mensen kunt beledigen. Kom 's ff mee.*
- *Volgens mij floepte het uit je mond, maar dit willen we niet. Je komt twee ochtenden terug.*

Pedagogisch reageren als u beledigd wordt
Het is toch heel begrijpelijk als ik die leerling ook zou gaan beledigen? Inderdaad, dat klopt, EN het is niet professioneel.
Dat is toch soms een bovenmenselijke opgave?
Dat klopt ook. Uw functie is een vak en het is vaak topsport.

Pedagogisch verbinden na *Jij bent maar een conciërge*

U kunt ook vanuit pedagogische redenen kiezen voor **verbinden**. U zegt bijvoorbeeld fluisterend, de belediging half negerend, vriendelijk:

- *Ruim 't ff op, bedankt hè.*
- *Ik heb het niet gehoord. Ik verstond je niet, ruim 't ff op.*
- *Ik ben een beetje doof. Ruim 't ff op.*
- *Zo ben je niet, dit bedoelde je niet.*
- *Goed gezien, ik ben de conciërge, ruim 't ff op.*
- *Aangenaam, ik ben meneer van Dijk. Ruim 't ff op, bedankt man.*

- *Weet je dat sommige conciërges gevoel hebben? Hou je er een beetje rekening mee?*
- *U kunt zelfs blij een hand geven en zeggen: 'Joh, ruim 't ff op' en dan gewoon doorlopen.*

In veel van de bovenstaande gevallen komt u er 'morgen' absoluut op terug.

Ik weet niet wat ik zeggen moet

Bent u na een belediging verbaasd, verbouwereerd? Weet u niet wat u zeggen moet? Zeg dát:

- *Nou, ik weet ff niet wat ik hierop zeggen moet.*
- *Dit is wel heel grof, ik weet vandaag niet hoe ik reageren moet.*
- *Hier schrik ik van, zoiets zeg je toch niet. Ik ga er ff over nadenken.*

De volgende dag. U komt erop terug

Wat was dat nou gisteren? (niet: *Waarom zei je dat nou gisteren?*) *Ik vond dat echt rot klinken, je bedoelde het vast niet zo, maar ik was er echt nog een paar uur een beetje van in de war. Ik voelde me echt beledigd. Was dat nou ook je bedoeling?*

U kunt er dan zelfs in een groep over beginnen. Ook in een groep met de dader erbij. U doet alsof u zich dat niet realiseert.

Wat vinden jullie daar nou van wat iemand gisteren zei, die zei... Als je eens iemand hoort die zoiets zegt, wil je dan vragen of ze dat niet meer doen. Ik voelde me echt beledigd. Tot ziens allemaal.

Het effect van primair en professioneel reageren

Als u na de belediging boos reageert, dan zal de leerling zijn spullen vrijwel zeker niet opruimen. En bovendien is zijn bereidheid om het 'morgen' op te ruimen als u het weer vraagt, kléiner geworden.

Als u professioneel reageert, ook dan bestaat de kans dat die leerling het op dit moment niet opruimt. Maar de bereidheid om in de toekomst mee te werken, is wél groter geworden. En de relatie is verbeterd. Dat is uw dubbele pedagogische winst.

Pakken drinkyoghurt gegooid

Leerlingen hebben pakken drinkyoghurt vanaf de bovenverdieping naar beneden gegooid. Er is geen dader gevonden. Een docent nodigt de conciërge uit in de klas:

Jongens, ik heb vroeger ook wel eens kattenkwaad uitgehaald. Ik weet niet of ik ook wel eens een zo'n pak naar beneden heb gegooid, maar het zou best kunnen. Wat ik vroeger niet wist, was hoeveel werk dat gaf aan de concierges. Dat kom ik jullie nu vertellen. We hebben gisteren met twee man overgewerkt om het op te ruimen. Ik was later thuis en daardoor kon ik niet gezellig samen eten met mijn vrouw en kinderen.

Als jullie iemand zien die dat wil gaan doen, vraag ze dan om het niet te doen. Jongens, meiden, bedankt alvast.

41 Leerling: *Van de anderen mag het wél!*

Los van het feit of het waar is, u kunt op twee manieren reageren.

Van de andere leraren, conciërges mag het wél, reactie I

Van mij mag het niet.
Daar heb ik niks mee te maken.
Kan me niet schelen, ik wil het niet.

Van de andere leraren, conciërges mag het wél, reactie II

Goed dat je het zegt. Dat die er niets van zeggen, dat is niet goed want we hebben in ons team afgesproken dat iedereen er wat van zegt. Dus goed dat je het zegt, ik ga het er met ze over hebben. Ik zal geen namen noemen.

Bij de reactie type I presenteert de medewerker zich als los individu. Met de leerling ontstaat een sfeer van confrontatie. De docent, conciërge klinkt wel stoer en assertief.
Bij reactie type II profileert de medewerker zich als lid van een team. Met de leerling is meer sprake van verbinding. En de leerling wordt gewezen op het belang van teamafspraken en teamsolidariteit.

Wat ook mogelijk is: *Wat lastig voor je, wat verwarrend. Nou je weet: van mij mag het niet. Tot ziens, jongens.*

U discrimineert!
Denk je nou echt dat ik je oneerlijk behandel?

42 Leerling: *U discrimineert!*

De beschuldiging *'U discrimineert'* komt vaak hard aan, vooral bij docenten die absoluut niet willen discrimineren. De leerling weet die docent te treffen op een kwetsbare plek.

Wat bedoelt de leerling eigenlijk?
Onbewust maakt u razendsnel een inschatting over wat de leerling(e) bedoelt, bijv.:
- De beschuldiging is letterlijk zo bedoeld: hij vindt dat ik discrimineer,
- Het is een manier om mij te sarren, te ontregelen,
- Het is een gemakzuchtig standaardzinnetje om de schuld van zich af te schuiven,
- Hij bedoelt: ik heb altijd pech, het zit me alweer tegen.

Hoe kunt u reageren op: *u discrimineert!*
Boos, defensief, agressief:
- *Dat is helemaal niet zo. Hoe kom je erbij?*
- *Ik zou juist discrimineren als ik er bij jou niets van gezegd had.*
- *Klopt, dat doe ik vooral bij jou.* (Pas op: humor kan snel cynisch overkomen.)

U blijft dichter bij de gevoelens van de leerling als u zou kunnen zeggen:
- *Vervelend hè, dat ik je in de gaten had* (bij spieken).
- *Vind je dat ik niet eerlijk ben? Laten we eens kijken wat er gebeurd is.*

– *Ik denk dat ik niet discrimineer. Als jij het echt denkt, dan wil ik het er graag met je over hebben.*

U discrimineert
Meester, ik heb een vier, u discrimineert.
U: *Denk je dat ik oneerlijk ben? Laten we eens kijken naar het aantal fouten.*
U hebt nu het zware woord 'discriminatie' geherformuleerd tot 'oneerlijk behandeld worden'. Meestal is dat de betekenis. Vertel ook hoe schadelijk het gemakkelijke gebruik van 'discriminatie' is.

Wat maakt de beschuldiging zo zwaar?
Stel dat een leerling u ten onrechte van een andere onwaarheid beschuldigt. Bijv.: *U hebt gisteren iemand vermoord.* Dan kunt u veel rustiger reageren omdat u innerlijk rustig blijft.

Zou het kunnen zijn dat een beschuldiging van discriminatie harder aankomt omdat we halfbewust vermoeden, vrezen dát we misschien soms discrimineren? Stel dat er af en toe in een flits een negatief stereotiep of een racistische gedachte in u naar boven komt en dat u die dan snel wegdrukt. Dan kunt u gaan denken dat u 'stiekem' toch een racist bent. Om bij dit onderwerp in balans te komen is het van belang dat u uitzuivert óf u discrimineert.

NB Het is volstrekt normaal dat er af en toe dit soort ongewenste gevoelens in u naar boven komen. Dat maakt u helemaal nog niet tot een slecht mens. Het gaat erom hoe u met die (racistische, agressieve, seksuele, pyromane, superioriteits-, e.a.) impulsgedachten en -gevoelens omgaat.*

In een serieus gesprek na afloop...

In een serieus gesprek na afloop zou u de leerling kunnen zeggen dat ze niet te vaak moeten zeggen dat iemand discrimineert. Dan geloven mensen het ook niet meer als er wél echt discriminatie is.

Erken ook dat er in de samenleving natuurlijk veel discriminatie is. Erken de pijn daarvan. En voeg eraan toe: *Juist omdat je de kans loopt dat je gediscrimineerd wordt, doe extra je best. Jij moet 50 procent beter zijn dan anderen, het is niet anders. Je hebt geen keuze.*

Je hebt gelijk dat het oneerlijk is dat je gediscrimineerd wordt. Die situatie kun jij niet veranderen, ik ook niet. Stop je energie in harder werken, word een betere sollicitant, zorg dat een werkgever jou per se hebben wil.

* Als dit thema u boeit: zie een concreet stappenplan voor het omgaan met ongewenste gevoelens in *Machomannetjes*, hoofdstuk 8.

43 Vernielingen, diefstal, poep aan de wc-muur. Twaalf tips

U kunt zich ontzettend machteloos voelen als er op school spullen zijn vernield, als een leerling wordt gepest, als er gestolen wordt, als er poep aan de toiletmuren wordt gesmeerd, als daar steeds vieze plassen op de grond liggen, als uw leerlingen zich misdragen bij een excursie, etc.

Wat is wijsheid? 'Vroeger' was het vaak voldoende om leerlingen dreigend toe te spreken (karate), maar tegenwoordig werkt dat nog maar bij een klein deel van de leerlingen.

Hoe ziet een tegenovergestelde aanpak, de judoaanpak, eruit? Wat zijn de werkzame ingrediënten? Zie hier een stappenplan, naar schatting met ongeveer 60 procent kans op succes. Had u 100 procent gewild? Helaas. Besef dat u met de vroegere karateaanpak nog maar plm. 20 procent resultaat heeft.

Vier situaties

1. Vernielingen bij een bedrijfsbezoek, Intratuin
Ik werk op een erg moeilijke school. Ik ging vrijdagmiddag met mijn klas naar Intratuin. 's Avonds word ik gebeld door mijn directeur met de mededeling dat we nooit meer bij Intratuin mogen komen: er zijn stellages vernield en er zijn klanten lastiggevallen, ik had er niets van gemerkt. Ik heb me het hele weekend zitten opvreten van woede. Ik had willen zeggen:

Stommelingen dat jullie dit gedaan hebben. Jullie weten hoe moeilijk het voor onze school is om een bedrijf te vinden waar we mogen komen. En nu hebben jullie het verknald voor de komende jaren. Hoe krijgen jullie het in je bolle kop... Wie van jullie heeft...
Het heeft me het hele weekend gekost om rustig te worden. Maandagmorgen zei ik: *Jongens, willen jullie me helpen? Jullie weten wat er is gebeurd, vrijdag bij Intratuin. We mogen er niet meer komen en jullie weten hoe moeilijk het voor onze school is om bedrijven te vinden. Ik hoef niet te weten wie het gedaan heeft maar er moet wel een excuusbrief naartoe...* Nog voor ik uitgesproken was, gingen er vier handen omhoog. Met die vier, die later de daders bleken te zijn, hebben we bij Intratuin excuus aangeboden.
De vestigingsmanager was zeer verrast. Hij zei dat hij dit nog nooit eerder had meegemaakt.*

2. Een leerling wordt gepest
Ik weet dat Tim door twee leerlingen wordt gepest.
Ik ging naar de pesters toe. Ik zei: *Willen jullie me helpen? Ik denk dat Tim wordt gepest, maar ik weet het niet zeker. Als leraar zie je dat soort dingen vaak niet zo goed. Willen jullie er deze week eens op letten of dat gebeurt? Laten we het er dan volgende week ff over hebben. Alvast bedankt.*
Het pesten stopte.

* Het is haast niet te geloven wat de vestigingsmanager aan het einde van het gesprek ook nog zei. *Jongens, als een van jullie ooit een stageplaats nodig heeft, dan zijn jullie hier welkom. Je mag mijn naam noemen.*

3. Laptop gestolen

De docente: *Meiden, willen jullie me helpen. Ik ben er altijd trots op dat ik jullie mentor ben. Maar nu schaam ik me als ik naar de docentenkamer ga. Iedereen weet dat die laptop in onze klas is weggeraakt. Ik hoef niet te weten hoe het gekomen is. Als je iemand kent die er misschien iets van weet wil je haar dan vragen of...*

De laptop kwam terug. Iemand had hem gevonden.

4. Poep aan de wc-muur

Jongens, willen jullie me helpen? Ik schaam me zo om aan de schoonmakers te vragen of ze de muren van de wc schoon willen maken. Ik vind het zo lastig om dat te moeten vragen. Als jullie iemand weten die dat doet, wil je vragen of ie dat niet meer doet? Jongens, bedankt hè.

Het is maandenlang niet meer gebeurd.

De twaalf ingrediënten van deze (judo)aanpak

Onderstaande tips zijn vaak contra-intuïtief. Het is uw vakmanschap zich dit te verwerven.

1. U móet een goede band hebben met de leerlingen, dat is een absolute voorwaarde. Uiteindelijk doen de leerlingen het voor u (conciërge, docent)!
2. U moet mentaal in een andere modus willen komen. U maakt de omslag...
   van boosheid, naar → verbinding zoeken,
   van afkeer, naar → verdachte tot helper maken,
   van persoon afkeuren, naar → gedrág afkeuren,
   van schuldige zoeken naar → situatie oplossen.
3. U vraagt letterlijk om hulp: Jongens, meiden, willen jullie me helpen? U doet dat uit kracht, niet

uit zielige zwakheid. U hebt ze nodig, u maakt hen belangrijk. U legt het probleem neer bij de enige mensen die het kunnen veranderen!

4. De leerlingen voelen: de docent gaat ons niet afbranden. Ze snappen best dat ze iets fout hebben gedaan én ze worden als mens heel gelaten.
5. U maakt hen belangrijk.
6. De leerling zal ook voelen: ze hebben me in de gaten, ik moet oppassen.
7. U doet een emotionéél appèl, u benut de band die u hebt. Maak het persoonlijk! *Ik schaam me zo om dit aan de schoonmakers te vragen; ik ben altijd trots op jullie klas geweest en nu...; er staan belangrijke adressen en telefoonnummers in; nu kunnen we daar niet meer komen voor een bedrijfsbezoek.*

   Wat veel minder werkt is een morele afkeuring: *Zoiets doe je toch niet... Als je beschaafd bent... Dat is toch niet normaal... Iedereen weet toch dat...*
8. Gebruik neutrale, niet beschuldigende taal: het mobieltje is *weg, is kwijt*. Dus niet: *is gestolen, is opeens verdwenen*. Als u die termen gebruikt, noemt u de dader een dief. NB Natuurlijk is hij een dief en dat wist hij al. Maar als u dat zegt komt de mobiel niet terug.
9. Verlaag de drempel, geef de kans op een waardig herstel (eervolle aftocht). *Iemand heeft het misschien in je tas gestopt; misschien per ongeluk meegenomen; vergeten terug te leggen.* Tegen de vermoedelijke poepsmeerder zegt u: *als je iemand ziet die dat doet, wil je vragen of ie dat niet meer doet?*
10. Beloof: het blijft onder ons (straffeloosheid inbouwen). *Ik hoef niet te weten wie het gedaan heeft... wat er gebeurd is.*
11. Soms is het noodzakelijk dreiging in te bouwen,

vooral bij licht criminele, harde leerlingen. Formuleer het zelfs dan toch bij voorkeur als een achteloze mogelijkheid: *We kunnen nou wel naar de camerabeelden kijken, maar dat kost veel tijd; er zijn mensen die iets gezien hebben; we kunnen naar de politie gaan, maar dat is een hoop gedoe.*

12. Oplossing voorstellen.
    Je kan het ergens in het gebouw neerleggen, het morgen voor 8 uur terugbrengen...

Knarsen uw tanden? Waar blijft de straf?

Zowel u als ik blijven soms bij de keuze voor deze judoaanpak knarsetandend achter. Moet er dan geen straf komen? U en ik zitten in dit soort situaties met een dilemma. Stel dat u straffeloosheid beloofd of gesuggereerd hebt. Als een leerling dan indirect bekent en u geeft alsnog een straf, dan bent u jarenlang bij iedereen in de klas het vertrouwen kwijt. Ze vinden u dan vals, een verrader. Dat leidt tot haat en die haat blijft. Als u geen straffeloosheid zou hebben beloofd, dan was de laptop of het mobieltje ook niet teruggekomen en ook in dat geval had u geen dader.

Gewetensvorming

Wat kunt u doen om ervoor te zorgen dat het vernielen, het stelen, etc. in de toekomst minder gebeurt? Is er gewetensvorming mogelijk als de leerling niet bekent?

Ja, stel dat iemand een verdwenen mobieltje opeens 'vindt'. U kunt dan tegen de klas zeggen: *Wat fijn dat het gevonden is. Er stonden foto's op van haar opa en oma. Ze is ontzettend blij dat ze die terug heeft.* Tot dat moment was het voor de dader een anoniem mobieltje. Nu is het opeens een mobieltje van een mens geworden. Ze kunnen zich nu gevoelsmatig beter voorstellen hoe erg het is om hem kwijt te zijn.

Of u zegt: *Goed dat hij gevonden is. We hadden anders de politie moeten bellen en dan gaan ze vaak onderzoek doen op school en soms ook thuis.* U maakt dan gebruik van angst als gewetensvormend element.

Of u zegt: *Goed dat hij gevonden is. Stelen doen we hier niet.* U prent dan de norm in. Uw vanzelfsprekendheid maakt vaak dat die beter binnenkomt.

Ook doordat u zei: *Ik schaam me zo als ik de schoonmakers moet vragen om die poep op te ruimen*, ook dan hebt u via het gevoel de norm van beschaafdheid in het geweten ingeprent.

In privésituaties

Ook in uw privéleven kunt u dezelfde stijl gebruiken.

Bierflesjes kapot gegooid in de kinderspeeltuin

Docente: Ik woon naast een kinderspeeltuintje. Ik zie een stel jongens met bierflesjes naar binnen gaan. Daar hoor ik ze hun flesjes stuksmijten tegen de speeltoestellen. Ik ben docente, ik weet hoe ik dit doen moet. Ik zei: *Hoi jongens, goeienavond. Er was hier vanmorgen een klein meisje, die had bloed aan haar voeten* – dat is niet van ons mevrouw, ik: *weet ik jongens – omdat ze op haar blote voetjes liep. Als jullie iemand zien die dat doet, willen jullie vragen dat ze dat niet meer doen? Ik zal meteen ff de grote stukken opruimen*... De jongens: *Dat moet u niet doen mevrouw, dat doen wij wel.* Met hun schoenen schoven ze het glas naar de kant. *Hé jongens, bedankt hè.*

Ook in dit geval weten de jongens dat u weet dat zij het gedaan hebben. U geeft ze echter een kans om zonder gezichtsverlies te herstellen. U hebt ook hun gewetensvorming bevorderd door het glas te koppelen aan een klein meisje met blote voetjes.

44 Je excuus aanbieden aan een leerling?

Verlies van status?

In een hiërarchische cultuur zal een leraar zelden excuus aanbieden aan een leerling. Dat zou de status van die docent verlagen. Tegenwoordig zijn de relaties tussen volwassenen en jongeren echter veel 'horizontaler'. Desondanks kunt u zich afvragen:

- Kun je als docent je excuus aanbieden én zelf je zelfwaardegevoel behouden?
- Kun je je excuseren én tegelijkertijd bij je leerling je gezag behouden?

Als u geen spijt hebt

De eerste vraag is of u spijt hebt. Een leerling schold u uit, u hebt teruggescholden. Als u niet volledig vindt/beseft dat u fout zat, dan kunt u daarna niet echt toegeven. Dan blijft u zeggen:

- Ja maar, de leerling is begonnen, het is ook zijn schuld.
- Leerlingen mogen tegenwoordig alles zeggen, leraren moeten zich inhouden.
- Ik had *misschien eigenlijk* niet moeten terugschelden.
- Zo vreselijk erg is een beetje schelden nou ook weer niet.
- Het spijt me als ik de leerling pijn gedaan zou hebben.

U legt nadruk op het feit dat uw gedrag heel begrijpelijk was. U ziet zichzelf als slachtoffer van het gedrag van de leerling. U minimaliseert de schadelijke gevolgen en u kruipt in de slachtofferrol.

U bent een mens. Het is toch logisch dat je fouten maakt!
Het is inderdaad logisch en begrijpelijk dat u fouten maakt EN het is onjuist. U bent immers de professional. Dat een leerling scheldt is fout. En tegelijkertijd hoort u niet terug te schelden: het is niet in het belang van de leerling. Het vernietigt de basis om te kunnen leren.
Als u een fout hebt gemaakt, dan behoort u dat professioneel te herstellen. U hebt een voorbeeldfunctie.

U hebt spijt, uw volmondige excuus

Laten we er vanaf nu van uitgaan dat u zelf echt vindt dat u een fout hebt gemaakt. U behoort immers niet terug te schelden, ook niet als een leerling daarmee begonnen is. Kunt u met behoud van waardigheid dit zeggen:

> *Ik heb je gisteren uitgescholden. Dat had ik niet moeten doen. Het spijt me. Ik schoot uit mijn slof, ik verloor mijn zelfbeheersing. Ik ga ook de klas zeggen dat het me spijt en dat ik dit niet meer zal doen.*

Ik vermoed dat veel leraren dit kunnen zeggen met behoud van hun waardigheid. Zijn het vooral de hiërarchisch ingestelde docenten voor wie dit te ver gaat? Wellicht vinden zij het bovenstaande te onderdanig, te uitgebreid, te veel een kruiperige buiging.

Zou u in de laatste zin ook hebben kunnen zeggen:... *dat ik dit **nooit** meer zal doen?*

Zou u met behoud van zelfrespect, zelfwaardegevoel, waardigheid uw excuus kunnen afronden met: *Sorry dat ik je uitschold*, of:
Mijn excuus dat ik dat zei/ deed, of:
Ik bied je mijn excuses aan?

De zeven kenmerken van een goed excuus
Sommige lezers herkennen in het bovenstaande waarschijnlijk de zeven kenmerken van een effectief excuus uit *Respect*. U geeft hier het goede voorbeeld.

1. U zegt: *Sorry, het spijt me.*
2. U geeft letterlijk toe wat u gedaan hebt.
3. Met een toon van berouw en spijt.
4. U herstelt de schade... *de klas zeggen...*
5. U noemt de reden.
6. U belooft beterschap.
7. U ondergaat de boosheid zonder tegensputteren.

Uw zelfwaardegevoel en de behoefte van de leerling

Het kan zijn dat een excuusformulering ú te ver gaat, maar dat tegelijkertijd de leerling die horen wil, resp. die nodig heeft voor de emotionele afronding.

Dat verschil tussen úw mogelijkheid en hún behoefte zal zich vooral voordoen tussen een (hiërarchisch) ingestelde leraar en een meer horizontale leerling.* De leerling 'eist' dan een vorm van excuus

* Of een leerling dreigt ermee dat hij kan gaan klagen bij de directie. Misschien geniet hij er al bij voorbaat van dat u door het stof moet. Dan neemt de leerling wraak, hij heeft u in de tang.

die u te ver gaat. Misschien zou u bijvoorbeeld het woord 'sorry' nog over uw lippen kunnen krijgen, maar heeft de leerling behoefte aan het woord 'excuus'.

Verklaring/verontschuldiging

Het is niet verstandig als de leraar, op het moment van excuseren, ook zou zeggen: *Ik schold jou uit omdat jij mij een kutleraar noemde, snap je dat?* Wellicht wilt u zichzelf alleen maar verklaren, de leerling hoort dat hij alsnog de schuld krijgt. De leerling wil geen verklaring/verdediging maar een verontschuldiging horen.

Pas op een later moment is het belangrijk dat u uitlegt wat maakte dat u terug ging schelden. Die uitleg hoort ook bij opvoeden, maar niet op het moment van excuseren.

Ben je als docent je gezag kwijt na een excuus?

Als een docent zich volmondig excuseert, zal dat m.i. bij huidige leerlingen bijna altijd de relatie versterken. U hebt hen dan immers als volwassene behandeld. Als de leerling u kruiperig vindt, zal hij u niet vertrouwen of een slappeling vinden.

Complicerende situaties

- Als de leraar aardig gevonden wil worden, dan krijgt het excuus een smekerige ondertoon. Dan zegt de leraar eigenlijk: *Kunnen we weer vriendjes zijn?*
- Als de leraar bang is dat de leerling naar de directie gaat, dan komt het excuus niet voort uit een zuivere bron. Dan is angst de drijfveer.

45 Kinderen van migranten

Bij kinderen van migranten is vaak het volgende van belang.

Een verschuiving van cultuurverschillen → etnische verschillen

In de eerste jaren in het nieuwe land zijn voor immigranten vooral de cultuurverschillen van belang. Hoelang kijk je elkaar aan? Mag je een leraar tegenspreken? Kan een man zomaar op straat een vrouw de weg vragen? Op welke manier geef je kritiek? Welk lidwoord is het (de) juiste? Wat moet je meenemen naar een ouderavond?

Als na verloop van jaren de taal- en cultuurverschillen geen probleem meer zijn, dan blijkt in hun leven het étnisch anders-zijn een grote rol te gaan spelen. Ze zijn dan dus vaak qua taal, gewoontes, opvattingen, gevoelens, verregaand 'vernederlandst' maar blijven gezien worden als 'Syriër, Marokkaan, Turk'. Ze voelen dat ze er tóch niet gewoon bij mogen horen. Ze merken dat ze erg vaak op hun étnische herkomst gezien en beoordeeld worden.

Zich buitengesloten voelen

Wie niet bij een meerderheid hoort, voelt zich gemakkelijk buitengesloten en wórdt ook vaak buitengesloten. Bij een verhuizing binnen Nederland kan een Rotterdammer zich nog jarenlang import voelen in Limburg en er niet bij horen. Een Limburger die omgekeerd naar Rotterdam verhuist, voelt dat nog veel scherper omdat 'stedelingen' zich overal ter wereld onbewust superieur voelen aan wat zij zien als 'dorpelingen'. Op een vergelijkbare manier voelen veel West-Europeanen zich superieur aan Oost-Europa of het Midden-Oosten. Zonder het te beseffen vindt de stedeling de dorpeling vaak achterlijk, 'boers' is een scheldwoord. Wie in de minderheidspositie zit, voelt dat scherp, hoewel soms ten onrechte.

Overal ter wereld ervaart een minderheid met lage status, terecht of onterecht, vaker dit:
- Als dom, als achterlijk gezien worden.
- Zich minder(waardig) en dom gaan voelen.
- Extra gevoelig worden voor afwijzing: snel geraakt.
- Niet gezien worden als individu, wel bijv. als 'Syriër'.
- Soms complotdenken: ze zijn allemaal tegen ons.
- Ze hebben vrijwel allemaal concrete ervaringen met afgewezen, buitengesloten worden.

Uw interesse en uw contact zijn belangrijk om dit gevoel van buitensluiting te voorkomen.

Je, jij, jullie, ons

Het gevoel, het besef, van buitengesloten worden, wordt geactiveerd door een bepaald gebruik van de woorden 'jullie', 'wij', 'hier' en 'ons'.

Hoe doen ze dat bij jullie?
Bij ons doen we dat anders.
Hier zijn we dat niet gewend.
Wij willen dat hier niet.

Ook als u dit niet zo bedoelt, horen veel migrantenjongeren in al deze zinnen: *Je hoort er niet bij. Je hoort niet bij 'ons'*. Ze horen afwijzing en buitensluiting. Ze horen het 'wij' als een autochtoon 'wij'. Dit zijn triggers in de buitensluiting. Dit is wat jongeren vaak discriminatie noemen.

Op scholen gebeurt het regelmatig dat door dit ons-jullie taalgebruik plotseling een conflict ontstaat. U kunt dat gemakkelijk voorkomen door:
Hier op school willen wij dat niet.
In een bedrijf willen ze dat je dat anders doet.

Doorslaan in gedrag

Wie thuis relatief streng wordt opgevoed kan om die reden buitenshuis tijdelijk doorslaan. Dat is in Nederland het duidelijkst bij een deel van de reformatorische en islamitische kinderen. Thuis kunnen ze door de strenge ouders vaak niet puberen, dan gebeurt dat buitenshuis. Als de sociale controle van thuis wegvalt, dan slaat een deel van die kinderen tijdelijk door

Cultuur ≠ Etniciteit ≠ Identiteit ≠ Paspoort

Misschien denkt u dat aandacht voor deze vier onderscheidingen overbodig is. Integendeel, u wordt er als docent veel effectiever van.

CULTUUR. Uw bijv. 'Marokkaanse' jongens en meisjes hebben niet de Marokkaanse cultuur, ze zijn hier geboren. Ze zijn in hun manier van communiceren (direct), lopen (doelgericht) en contacten met autoriteiten (frank en vrij) cultureel Nederlands geworden. Ze zouden in Marokko niet kunnen aarden.

ETNICITEIT. Diezelfde jongens en meisjes blijven echter qua etniciteit Marokkaans. Het is belangrijk dat u dat steeds weer erkent omdat ze anders snel voelen dat u hun hun identiteit afneemt. *Ook als je cultureel verandert, je blijft etnisch (herkomst, uiterlijk, vaak verbondenheid) Marokkaan.*

Het is belangrijk dat docenten helder het onderscheid maken tussen etniciteit en cultuur.
→ U kunt dus nooit aan het uiterlijk zien welke cultuur (opvattingen, etc.) iemand heeft, wel soms dat iemand bij een bepaalde etnische groep hoort.

IDENTITEIT. Los daarvan staat wat leerlingen zich vóelen. Ondanks hun Nederlandse cultuur kunnen ze zich in Nederland Marokkaan voelen. Dezelfde jongens die zich in Nederland Marokkaan voelen, willen op vakantie in Marokko misschien juist Nederlander zijn. Met een zwembroekje in de kleuren van de Nederlandse vlag versieren ze de plaatselijke meisjes.

PASPOORT. Het bovenstaande staat los van paspoort of paspoorten. Dat is een belangrijke maar juridische kwestie.

Vijfde generatie 'Marokkanen'?

De meeste Nederlanders hebben het idee dat Nederland geen immigratieland is. Waarschijnlijk is dat beeld veroorzaakt door het feit dat er een hele eeuw lang, tussen plm. 1850 en 1950, weinig sprake was van immigratie. Dat heeft nog steeds gevolgen voor de grondhouding van veel Nederlanders t.o.v. migranten. Ze hebben het over de *derde generatie Marokkanen*, of over *de vierde generatie Molukkers*. Taalkundig blijven zij daarmee Marokkaans of Moluks. Als u zou emigreren naar de USA, dan bent u na enkele jaren al een *Dutch Américan*, de nadruk ligt daar op het Amerikaan (geworden) zijn. Of u wordt, in Canada of Australië, een *Surinam Canádian* genoemd of een *Turkish Austrálian*. U wordt daar als het ware het nieuwe land ingezogen.

De schadelijke vraag: *Voel je je Turk óf Nederlander?*

De vraag *Voel je je Turk óf Nederlander?** wordt migranten vaak gesteld. *Ja, maar wat voel jij je nou* écht? Die vraag is meestal schadelijk. Het suggereert dat het óf-óf is. Je kunt echter heel goed tegelijk vrouw, docente, moeder, kind, partner, buurvrouw, etc. zijn. Het zijn én-én identiteiten. Je kunt je ook goed voelen als je tegelijkertijd lesbisch én christen bent, TENZIJ de omgeving je dwingt in een of-ofkeuze.

Een leerling kan qua identiteit tegelijkertijd 'Marokkaan' zijn, Nederlander, leerling, homo, student, islamiet en nog veel meer. De of-ofvraag maakt het hun onnodig moeilijk.

→Help uw leerlingen zich 'heel' te kunnen voelen, met al hun identiteiten. Ze zijn allemaal leerling op deze school, jonge mensen in de wereld van nu, pubers, verliefden, op zoek naar vervolgstudie, op weg naar examen, etc.

Trees Pels zei in haar afscheidsrede hierover: '*Er bestaat een hardnekkig beeld dat je niet tegelijk loyaal kunt zijn aan je wortels, waar je vandaan komt, en aan het land van aankomst, het land waar je kinderen hun toekomst hebben.*'**

Opgroeien met tegenstrijdigheden

Alle jongeren groeien op met tegenstrijdige opvattingen, perspectieven en waarden. Jongeren uit een migrantengezin nog meer dan anderen. Het is

* Het enig juiste antwoord is 'Nederlander'. Dat voelt die leerling meteen, haha.

** *Help ouders hun kinderen te leren omgaan met pluriformiteit:* Afscheidslezing: *Het gesprek is een brug.*

de taak van de opvoeder om jongeren te leren met die schurende, conflicterende opvattingen om te gaan.

Niet aanpassen is het doel. Leren omgaan met tegenstrijdigheden is het doel. Wat zou het heerlijk zijn als u de pijn snapt van een leerling die zijn ouders pijn moet doen als hij eigen keuzes maakt.

Rijkdom van opgroeien in meerdere culturen

Voor een deel van de jongeren is het een rijkdom om opgevoed te worden vanuit twee culturen. Zij kiezen per thema wat ze in welke samenleving waardevol vinden (muziek, directheid, familiegevoel, studiekansen, etc.). Zij genieten van de rijkdom van beide, inclusief de meertaligheid. Het lukt hun om een prettige, sterke identiteit op te bouwen, soms ondanks de negatieve beelden van de omgeving. Het is gemakkelijker de rijkdom uit twee culturen te benutten als:

- die culturen minder ver uit elkaar liggen.
- de ouders een gids zijn voor de kinderen in het nieuwe land.
- de ouders positief betrokken zijn bij het leven van het kind.
- er op school/in de maatschappij waardering is voor beide culturen.
- de jongere zich bewust is van tegenstrijdigheden en erover na kan denken.

Het woord 'aanpassen'

Het woord aanpassen kan dynamiet zijn. Alle leerlingen, ook uw migrantenleerlingen, moeten zich grotendeels invoegen in de Nederlandse arbeidsverhoudingen. Ze moeten op tijd komen, klantvriendelijk zijn, administratief nauwkeurig zijn, een netwerk ontwikkelen, etc. U en ik moeten dat ook. Als er geen strijd is tussen mensen, dan gebruiken ze nooit het woord aanpassen maar bijv. '*rekening houden met*, *inspelen op*', etc.

Soms beheersen uw leerlingen de gangbare omgangsvormen niet. Die gaat u hun uiteraard aanleren, die hebben ze nodig. Het kan gaan om leren aankijken, de tien kenmerken van het geven van een hand, de zeven kenmerken van een goed excuus, een mening durven geven, etc. Het is bij dit thema, vooral bij migrantenleerlingen, van groot belang welke ondertoon die bij u voelen:

- De leerling kan voelen dat u de Nederlandse gewoontes, deze cultuur hoger, beter vindt, daarom moeten zij zich aanpassen. Dat is voor leerlingen vernederend. Dan gaan de hakken in het zand. U bereikt niets.
- De leerling kan ook voelen dat u hun de Nederlandse gewoontes en cultuur wilt aanleren omdat ze hiermee in dit land verder komen in onderwijs en bedrijfsleven. Dan gaat het niet over beter en slechter. Dan gaat het om pragmatisch de gewoontes van een land leren kennen.

Groepsvorming of kliekvorming?

Het is normaal en begrijpelijk dat gelijkgestemden bij elkaar gaan zitten in de pauze. Iedereen doet dat. Limburgers en Friezen ook. Docenten van dezelfde school op een gecombineerde studiedag ook.

Dat is niet erg. Pas als het 'klieken' worden, dan is de klas geen eenheid meer. Dan ontstaan er elkaar uitsluitende samenlevingen binnen één klas.

→ Mix groepen om etnische kliekvorming te voorkomen. Nummer zoals in de gymles de leerlingen als

1, 2, 3, 4 en laat daarna leerlingen met hetzelfde nummer met elkaar samenwerken.

De Engelse en Nederlandse betekenis van 'discriminatie'. De Zwarte Piet-discussie

Het Engels/Amerikaanse *discrimination* betekent niet hetzelfde als het Nederlandse 'discriminatie'. Dat maakt discussies vaak explosief en verwarrend vooral als de een zich baseert op Engelstalige bronnen en de ander niet.

Bij het Engelse 'discrimination' is het volkomen onbelangrijk of het gedrag negatief bedóeld was. Als het effect schadelijk is voor een groep, dan is het 'discrimination'. Bij het Nederlands woordgebruik gaat het bij discriminatie altijd om negatieve bedóelingen.

In het Engels/Amerikaanse taalgebruik is Zwarte Piet absoluut 'discrimination', het heeft immers op sommige burgers een negatief effect. In het Nederlandse taalgebruik is Zwarte Piet voor een deel van de burgers geen 'discriminatie', omdat het door hen niet negatief wordt bedóeld.

Mensen uit minderheidsgroepen, de slachtoffers van discriminatie dus, gebruiken bijna altijd het woord in de Engels/Amerikaanse betekenis. Misschien omdat het hun niet uitmaakt of het negatieve effect de bedoeling was, ze hebben er last van.

De vraag of iets discriminatie IS, leidt altijd tot verwarring. Twee andere vragen zijn wel helder:

- Is het gedrag bedóeld als discriminatie? En:
- Heeft het gedrag het efféct van discriminatie?

Pijnlijk

Is dit u wel eens opgevallen?

- Iemand vraagt op een school naar het percentage migrantenleerlingen. Het antwoord is regelmatig: *Dat valt bij ons mee.* Of: *Daar hebben we gelukkig in dit deel van het land niet zo mee te maken.* Gelukkig zijn er ook veel scholen waar men het over 'onze' kinderen heeft en dat ook zo voelt.
- Soms zegt een autochtone leraar er niets van als een leerling een etnisch beledigende opmerking maakt. Leerlingen met een migrantenachtergrond weten dan dat ze van deze leraar geen veiligheid kunnen verwachten.
  Wordt de autochtone groep op zo'n moment ongemerkt in hun superioriteit versterkt?
- Kent u de kleine hapering in de stem bij het uitspreken van het woord migrant, allochtoon, immigrant of buitenlander? *Er wonen in die wijk veel eh migranten.*
- Een discussie gaat over korte lontjes. Ik weet dat korte lontjes overal in het onderwijs (ook in het kleuter- en reformatorisch onderwijs) een probleem zijn. Toch blijkt 'kort lontje' voor sommige mensen een codewoord voor 'Marokkaan' te zijn.
- Een algemeen gesprek over criminaliteit kan soms ongemerkt opeens verschuiven naar het onderwerp migranten. Alsof het daar in feite al over ging.

Het lijkt me ontzettend pijnlijk voor migrantenleerlingen als ze dit ooit bij hun docent moeten merken.

Zo dik, dan bent u toch geen voorbeeld!
Ja, ik hou van lekker eten en koken dat ziet u wel
Ik vind dit grof en beledigend. Ik stop dit gesprek
AB C

46 Meisjes en meidenvenijn

Meidenvenijn als een vaardigheid zien!

In het scherpe woord 'meidenvenijn' proeft u al de kenmerken:

- Hoge emoties, gillen.
- Een arrogante 'attitude'.
- Anderen de schuld geven.
- Super verontwaardigd zijn.
- Vaak non-verbaal, subtiel en indirect.
- Zwart-wit oordelen. Je bent voor of tegen me.
- Meer rivaliteit, samenzweren, bondjes sluiten.
- Langdurige onderhuidse 'veenbrand' conflicten.
- Zich tekortgedaan voelen: *je moet altijd mij hebben.*
- Elkaar en de docent kwetsen in een diepere laag van de persoon.
- Dwingend, claimend zijn naar elkaar, de queen bee eist totale loyaliteit.

Begrijpen ≠ Er begrip voor hebben

Om met meidenvenijn om te gaan, moeten we proberen het te snáppen. Een arts die tegen kanker is, moet juist daarom proberen te begrijpen hoe het komt dat celdeling soms tot kanker leidt. Daarom de ondertitel hierboven: zie meidenvenijn (ook) als een vaardigheid! Als leerlingen uw afkeer voelen, dan kunt u hun gedrag niet veranderen.

Over generaliseren

Ik ga in dit artikel veel generaliseren. Dat kan niet anders en het is waardevol. Een generalisering is nóóit in 100 procent van de gevallen waar. Een generalisering beschrijft echter wél een echt bestaand verschil tussen jongens en meisjes. Bij elke bewering zou eigenlijk een vermoedelijk 'waarheidspercentage' genoemd moeten worden. Dan wordt de bewering toetsbaar, zoals bij:

- 70 procent van de meisjes haalt er bij een conflict vriendinnen bij, jongens 40 procent.
- 50 procent van de meisjes gebruikt 'oogrollen' om minachtend te zijn, jongens 1 procent
- 10 procent van de meisjes gebruikt fysiek geweld, jongens 40 procent, etc.

U kunt daarom bij elke generalisering in dit artikel tegenvoorbeelden vinden. De generalisering kan dan nog steeds voor bijv. 40 procent, 70 procent of 90 procent waar zijn.

I VROUWEN LEVEN IN EEN WERELD MET MEER GEVOEL

> Al twee uur na de geboorte zijn er verschillen in de manier waarop jongens- en meisjesbaby's de wereld in kijken. Meisjes zijn vaker gericht op *ménsen* rond de wieg. Jongensbaby's hebben vaker aandacht voor *dingen*, voor de speeltjes. Dat verschil tussen gerichtheid op mensen resp. op dingen is al meteen na de geboorte aanwezig (veelgeciteerd onderzoek Bar-Cohen).

Vrouwen zijn, gemiddeld, meer dan mannen geïnteresseerd in mensen en relaties. U kunt dat in uw eigen omgeving zien. Vrouwen worden daardoor op het gebied van relaties meestal vaardiger dan mannen.

Over die vaardigheid oordelen we positief als vrouwen empathischer zijn, beter kunnen luisteren en bijv. beter kunnen troosten. Dezelfde relationele vaardigheid vinden we negatief als vrouwen in conflictsituaties vaker als gemeen, vals, sluw, venijnig of achterbaks beschreven worden. Of als mensen zeggen dat vrouwen veel trefzekerder kunnen kwetsen.

Mannen zijn, gemiddeld, meer gericht op dingen en doen. In het stereotiepe beeld van een heterorelatie: de man denkt dat het voor de relatie voldoende is dat hij geld verdient en elke week de vuilnis buiten zet.

Over die vaardigheden kunnen we ook positief of negatief oordelen. We vinden het positief als mannen technisch zijn, uitvindingen doen, als ze bouwen, knutselen en repareren. We vinden het negatief als ze in hun boosheid een bushokje of een fiets in elkaar trappen, in het algemeen: díngen kapotmaken of vernielen.

Aansluitend, meebewegend of confronterend?

Vrouwen. In hun gespreksstijl gebruiken vrouwen vaker een 'aansluitende, meebewegende' stijl. Als er iets gebeuren moet of als ze het ergens niet mee eens zijn, ook dan blijven ze vaker in verbinding.

Als er een taak is: *Mag ik iets vragen? Wie kan me helpen? Wie wil dit voor me doen?*

Bij meningsverschillen: *Is dat wel zo? Ik weet niet of dat wel zo is.*

Mannen gebruiken vaker een 'confronterende' stijl.

Als er een taak is: *Kees, doe jij ff dit. Wil jij dit doen?*

Bij meningsverschillen: *Dat is niet zo. Dat klopt niet. Onzin wat je nou zegt.*

Zijn mannen en vrouwen van nature zo? Of worden we zo gevormd door opvoeding en cultuur? Voor ons onderwerp is dat niet van belang. Zelfs als uw leerlingen zo gewórden zijn, dan is dát waar u mee te maken hebt.

II VERSCHIL IN INTERACTIEPATRONEN IN DE KLAS:

In het algemeen (30 procent, 50 procent, 60 procent) is het volgende waar:

Vriendschappen, praten

Jongens dóen dingen met elkaar, ze gamen en praten over het gamen. Ze sporten en praten over dat sporten. Als ze over mensen praten, praten ze minder over gevoelens en zelden over zichzelf.

Meisjes praten veel vaker over relaties, over hun gevoelens, ze delen geheimen met elkaar. Jongens vragen veel minder *Hoe gaat het met je?* dan meisjes. Meisjesvriendschappen gaan meestal dieper,* vaak ook over de gevoelens. De BFF (*Best Friend Forever*) is niet voor niets een echt meisjeswoord.

Conflicten

Doordat meisjes veel meer emotionele verbinding hebben met elkaar en met zichzelf, zijn de conflicten vaak niet alleen dieper maar ook complexer dan bij jongens. Bij een conflict tussen meisjes speelt bovendien vaak een langere voorgeschiedenis mee, bijv. via sociale media. Iemand heeft daar een paar weken geleden iets kwetsends over haar gezegd, haar gene-

* Pas op: een diepere vriendschap ≠ een betere vriendschap! Zie hierna.

geerd of op school *vies* (minachtend) naar haar gekeken. Dat is dan feilloos opgepikt.

Meisjes ervaren vaker (terecht of onterecht) dat iemands gedrag een bijbetekenis heeft. *Ze had er een bedoeling mee, ze zei het niet zomaar, ze deed het expres om mij te pesten. Tegen anderen doet ze niet zo, tegen mij wel. Ze keek toen* écht *vies naar me.* Vaak zijn daarbij kleine details (voor u zijn het kléine details) belangrijk.

Dreigen en geweld: meer relationeel dan fysiek

Meisjes gebruiken vaker een relationele vorm van geweld. In vriendinnengroepen is roddel een belangrijk wapen, ze ontvrienden elkaar of sluiten elkaar letterlijk buiten.

Jongens, vooral macho's, dreigen vaker met fysiek geweld of met het vernielen van elkaars spullen. Zij richten zich vaker op materiële dingen.

Mate van heftigheid

Om hun ruimte te vergroten zie je meisjes vaker schreeuwen en gillen, ze gedragen zich emotioneel en hebben een respectloos grote bek. Docenten verwachten dit vaak niet van meisjes waardoor het effect intimiderend groot is.

Claudia praat in de les, u hebt al twee keer gevraagd stil te zijn.
Claudia: *'Jij moet gewoon je mond houden en niet tegen mij praten... Als jij niet weet hoe je met kinderen om moet*

gaan, dan had je geen lerares moeten worden... Wat zit je nou te kijken?'

Verontwaardigd ontevreden zijn

Meisjes doen vaker demonstratief ontevreden en verontwaardigd. Alsof ze daarmee zeggen: *Ik ben geen kind meer, ik laat me niet alles zeggen. Ik ben er helemaal klaar mee. Dikke doei. Zo praat je niet tegen mij. I don't care.* Ze praten alsof iedereen tegen hen is. Ze lijken zich vaker tekortgedaan te voelen: *Je moet altijd mij hebben.*

De manier van buitensluiten

Is de manier van buitensluiten bij meisjes anders dan bij jongens? Mogen jongens wel bij de groep blijven maar dan onderaan in de hiërarchie, als een lulletje? Worden meisjes totaler, ook fysiek, buitengesloten?

Direct – indirect

Meisjes zijn meer dan jongens in staat tot complexere vormen van interactie. Indirecte communicatie is daar een voorbeeld van. In vergelijking hiermee is directe communicatie eigenlijk eenvoudig en simpel. Ook indirecte communicatie kan zowel helpend als schadelijk worden gebruikt. Een meisje suggereert bijv. bij een mentor dat ze zich niet veilig voelt bij docent x. De mentor vraagt dan natuurlijk door, of er misschien iets gebeurd is... In andere gevallen sluiten meisjes geheime bondjes waarbij zij zelf op de achtergrond blijven. Zij zijn soms de stimulator achter het geweld van jongens: *wees een vent, laat zien dat je een man bent.* Macha's stoken ze dan op, ze willen heftige jongens. Voor u als docent betekent dit dat u soms niet juist inschat hoe een meisje over u denkt. Of hoe haar relatie met een vriendin is. Bij jongens is dit duidelijker.

Non-verbaal

Meisjes zuchten, ze kunnen u vaker arrogant afkerig aankijken. Soms praten ze expres achter hun hand terwijl ze naar u kijken: dan moet u denken dat het over u gaat. Als ze hun afkeuring willen laten zien, dan rollen ze met hun ogen. Of u hoort tzzzz (*toz* is Marokkaans voor scheet). Of het minachtende *tjoeri*-klakgeluid.

Venijnig, achterbaks, sluw, gemeen

Meisjes worden, ook door vrouwelijke docenten zeg ik er als man maar bij, opvallend vaak venijnig, achterbaks, gemeen en sluw genoemd. Dat geldt vooral als een groep voor 100 procent uit meisjes bestaat. Meisjes voelen het, beter dan jongens, aan wat iemands kwetsbare plek is en hoe je die trefzeker kunt raken. Meisjes zijn hiertoe in staat dankzij hun grotere interactievaardigheden.

Het nadeel van afkeertaal

Het gebruik van negatieve termen zoals *venijnig, achterbaks, dramatiseren, gemeen, vals* of *sluw* heeft een belangrijk nadeel. Als u die afkeerwoorden in uw hoofd hebt, dan bent u minder in staat tot een verstandige reactie. Neutrale taal is nodig om pedagogisch effectief te kunnen zijn.
In plaats van *achterbaks* zal ik daarom benadrukken

dat meisjes vaker gebruikmaken van *complexe interactievaardigheden.* Of dat ze non-verbaal *vaardiger zijn.* Of *ongemerkt* grote invloed op een groep kunnen uitoefenen.*

Seks

Meisjes zijn door de media vaak goed op de hoogte van hun erotische mogelijkheden. Vooral machameiden gedragen zich vroegrijp. Ze tasten bij een mannelijke docent af of deze haar erotische signalen opmerkt, ook als ze er verder niets mee willen. Anderen gebruiken hun uiterlijk om mannelijke docenten te verleiden, vaak om iets gedaan te krijgen. *Het is veel spannender om iets te hebben met een docent dan met een jongen uit een hogere klas.*

'Oude' kwetsingen

Bij meisjes kunnen oude kwetsingen verrassend actueel zijn. Voor haar zijn ze niet oud. De pijn blijft langdurig vers. Een recent conflict kan daardoor 'onontwarbaar' verknoopt zijn met pijn uit vroegere situaties. Voor jongens is een kwetsing eerder voorbij, het raakte hen minder, de pijn bleef korter.

* Om dezelfde reden aarzel ik ook te zeggen dat meisjes onderling een *diepere, sterkere band* hebben dan jongens. Daarin klinkt te veel een positief oordeel door. Neutraler is om te zeggen dat meisjes onderling meer band, meer binding hebben, meer samenhang, meer cohesie. Die band kan zowel positief als negatief uitwerken.

Opgekropte boosheid
Meisjes (vooral de keurige meisjes?) kroppen boosheid vaak langer op dan jongens. Als ze uiteindelijk gaan vechten, dan gaan meisjes vaak veel verder door het lint. Dan schoppen ze, bijten, krijsen, trekken haren uit elkaars hoofd en maken littekens op elkaars gezicht, vooral op dat van knappe medeleerlingen. Soms laten ze speciaal daarvoor scherpe nagels staan.

In jeugdgroepen, straatbendes
In bendes worden jongens gewaardeerd om hun gedurfde stoere brutaliteit. Meisjes krijgen 'respect' voor hun sociaal inzicht en voor hun vaardigheid om onschuldig te lijken.

Het uiterlijk, mode, de invloed van sociale media
Meisjes zijn vaak, veel meer dan jongens, bezig met hun uiterlijk, met mode, met opmaken en met hun populariteit. Ben ik knap genoeg? Hoe lig ik in de groep? Ben ik nog wel populair? Wat zal ik aantrekken? Door de sociale media ligt er nu 24/7 een massieve druk op alle jongeren, maar in het bijzonder op meisjes. Als een meisje zich zorgen maakt over haar positie in de groep, dan had ze vijftien jaar geleden in de avond en in het weekend 'rust'. Nu checkt ze permanent haar mobiel om te kijken of er iets over haar gezegd wordt.

1. Om te kunnen leren hebben meisjes het, nog méér dan jongens, nodig dat ze een band met u voelen. U moet aansluiten bij hun **grotere behoefte aan gevóelscontact.*** Een meisje (14): *De leraren weten niet eens wie ik ben. Ze komen de klas binnen en zeggen meteen: 'Heb je je huiswerk gemaakt? Pak je boek. We zijn op blz. 40.'*
Wat u kunt doen: Gebruik in elke les de eerste minuut door even naar de pratende leerlingen toe te lopen: *Fijn dat je er weer bent; leuk petje, doe 'm ff af; jammer dat ik jullie straks moet storen...* Ga pas daarna centraal voor de groep staan. Kijk vriendelijk rond: *Fijn dat jullie er zijn.* Wacht dan twee seconden om uw woorden te laten landen. En begin pas daarna met de les.
U móet 80 procent van de leerlingen mee hebben om de lastige 20 procent te beteugelen.

U komt de klas in, ze zijn aan het *kletsen*

Als u het *kletsen* noemt, dan gebruikt u afkeertaal. U zet uw hoofd als het ware in de gevechtmodus. U maakt het uzelf hiermee moeilijker om contact te krijgen. Een vergelijkbaar nadeel hebben: *die gasten, die hoofddoek, dat modepoppetje, dat dikkertje, dat hopeloze geval.*

* Ik aarzel om dit te zeggen omdat ik hiermee ook zeg dat jongens minder behoefte hebben aan gevoelscontact. Ik denk toch dat het waar is.

2. U moet ook grenzen stellen. U mag **nooit 'vriendje'** worden. Uw taak is binden én begrenzen.
U moet regelmatig uw macht gebruiken: knopen doorhakken, straf geven, vasthouden aan een opdracht, gesprekken afkappen, soms iemand de gang op sturen, etc. Dit lijkt voor vrouwelijke docenten lastiger omdat zij vaker conflicten in harmonie willen oplossen.
3. **Bij hoge emoties: blijf zelf rustig.** Dat is moeilijk omdat hoog-emotionele meisjes van u 'eisen' dat u volledig meegaat in hun emoties.
4. **Mix groepjes** zodat er meisjes én jongens in zitten. In meisjesgroepen zal de heftigheid dan minder uitgroeien. In jongensgroepen is één meisje vaak al genoeg om de botheid te verminderen.
5. Het is voor een meisje waarschijnlijk nóg schadelijker dan voor een jongen om **buiten de groep te liggen.** Een jongen kan eventueel verder als 'loner', een meisje minder. Zij heeft banden met medeleerlingen harder nodig. Wees gealarmeerd als een meisje alleen komt te staan.
6. Los probleemsituaties nog meer dan bij jongens op vanuit 'verbinding'. Als u iets moeilijks wilt bespreken, dan moet u bij meisjes nog meer een band hebben én **nog meer uw emoties inzetten.**
Een voorbeeld:
Een leerlinge heeft een ander getreiterd. U kunt natuurlijk zeggen dat u haar vals en gemeen vindt. U kunt echter ook vanuit verbondenheid starten: *Ik wil eerst tegen je zeggen dat ik het ontzettend knap van je vind hoe je dit doordacht hebt. Dit betekent dat je echt heel grote sociale vaardigheden hebt. Je zou een sociale studierichting kunnen gaan doen. Dit is echt een sterke kant van je.* Pas vanuit het

contact dat nu ontstaat, kunt u een pedagogisch gesprek hebben over wat ze gedaan heeft. Als u daarna straf geeft, is de kans veel groter dat ze dat 'logisch' zal vinden.

7. In het bovenstaande voorbeeld wordt **de méns heel gehouden,** het gedrág wordt afgekeurd. Laagopgeleide leerlingen en ouders maken dat onderscheid (tussen persoon en gedrag) vaak niet. Maak dat onderscheid!
8. **Meanderend taalgebruik.**
   Bij jongens zegt u gemakkelijker: *wat je net gedaan hebt kan niet. Je komt om vier uur bij me.*
   Bij meisjes zegt u vaker (meanderend = slingerend, meebewegend): *Wat je net deed dat kan (eigenlijk) niet, dat weet je ook wel. Dan krijgen we een rotsfeer in de klas, dat wil jij ook niet. Jij zou ook niet willen dat ze dit met jou doen... Zo ken ik je niet en zo ben je ook niet. Als je je ergert aan Nora, kun je dat op een andere manier laten zien?*
   Bij de meanderende stijl beweegt u mee, u begeleidt de ander in de verandering.
   Mannen gebruiken onderling vaker de directe, meer oppositionele, botsende stijl.

Ziet u de vrouwelijke leerlingen als 'meisjes'?
Pas op. Ze zien zichzelf op steeds jongere leeftijd al als 'jonge vrouwen'. Zo worden ze in de media aangesproken, zo kleden ze zich, zo maken ze zich op. Dat is hun zelfbeeld geworden. Blijf Jannie daarom niet grappend Jannielein noemen.

9. Meisjes kunnen hoog-emotioneel en extreem luidruchtig zijn. U hebt, naast de meanderende meebewegende stijl, **ook confronterende rustige stevigheid nodig.** Probeer niet te wijken voor het verbale geweld.
   * Meisje: U BENT VEEL TE STRENG!
     U: *Dat klopt, ik ben heel erg streng.*
   * Meisje: IK BEN BLIJ DAT U MIJN MOEDER NIET BENT!
     U, vrolijk: *Ja, wees daar maar blij mee.*
   * Meisje: WAT DOET U ROTTIG, BENT U SOMS ONGESTELD?
     U: *Ja, dus hou daar maar rekening mee.*
10. Alsof de wereld vergaat. **Kunnen emoties worden geparkeerd**?
    Een groep meiden stormt de klas in. Het is alsof de wereld vergaat. Paniek, ze schreeuwen door elkaar heen, veel hoge emoties, ze steken elkaar onderling aan. Stel dat u de aanleiding klein vindt: er is bijv. 'alleen maar' een toetsdatum veranderd. Bij jongens kunt u makkelijker zeggen: *Ik heb jullie gehoord, ik zoek het uit, ga nu aan je werk, zodra ik iets weet, horen jullie het van me.*
    Bij meisjes is vaker een langer proces noodzakelijk. U zult langer 'meanderend', meebewegend, moeten zeggen: *Ik snap het, ik ga het uitzoeken, klopt, het is lastig en jullie hadden het niet verwacht. Ik zoek het uit, ik snap dat jullie het nu zouden willen, dat gaat niet, maar ik kom erop terug, laten we nu aan het werk gaan, ja, het is een tegenvaller, dat begrijp ik, ik ga er achteraan*, etc.

Docente Y: *Meisjes maken conflicten veel groter dan ze zijn. Ze blazen het op, ze vinden allerlei details belangrijk. Het moet meteen besproken worden, het kan niet uitgesteld worden, dan wordt het groter. Jongens kunnen gemakkelijker iets uitstellen. Dan zeg je: 'Jongens, dit bespreken we morgen.' Bij meisjes lukt dat niet.*

11. Wat u over een gevoelig onderwerp gezegd hebt, kan bij meisjes vaker **een eigen leven gaan leiden**. Door het vele doorvertellen kan de boodschap makkelijk vervormd raken. Leidinggevenden in organisaties weten dat ze moeten blijven checken of hun boodschap bewaard gebleven is.
12. Maak gebruik van de persoonlijke band.
Docenten, vooral vrouwelijke?, worden **effectiever met persoonlijker taal**, vooral bij meisjes:
Wil je dat *voor me* doen?
Jamila, wil je ff met me mee lopen? (naam noemen)
Ik wil even met je praten, heb je tijd *voor me*?
Emma, mag ik je wat vragen, zou je... (inleidend verbinding maken)
Annelies, leuke trui is dat, ik wil je wat vragen... (complimenten op kleding)
Zal ik het je opsturen?
Ook in een mail meer bindingstaal. *Dank voor je mail, leuk dat je... Gaat het goed met je? Wil je me s.v.p. laten weten of...*
13. Na een conflict zijn vooral bij meisjes zes aandachtspunten van belang:
    - **Plagen ≠ pesten**, treiteren, slaan.
    Een hoofdregel moet zijn dat er niet wordt geslagen, getreiterd en gepest.

Maar plagen moet kunnen. Hier is een man/vrouw verschil van belang. Bij jongens is plagen vaker een goedmoedige test, je moet ertegen kunnen. Bij meisjes is eenzelfde opmerking vaker een teken dat je uit de groep ligt.

- **Bedoeling ≠ effect**.
  Je bedoelde het niet zo, maar zo is het bij de ander overgekomen.
  Je denkt dat ze dit bedoelde (het effect), *maar misschien bedoelde ze iets anders.*
- **Praten over een afwezige ≠ roddelen**.
  Het is normaal om over iemand te praten die er niet is. Als het maar niet beschadigend, buitensluitend, roddelend is. *Testvraag: zou je ook zo gepraat hebben als ze erbij was?*
- **Groepsvorming ≠ kliekvorming**.
  Het is normaal dat je een eigen voorkeurgroep hebt. Het wordt 'kliekvorming' als je anderen volledig buitensluit.
- **Iets begrijpen ≠ er begrip voor hebben**. *Ik begrijp dat je heel kwaad was* EN *ik vind het niet goed dat je slaat.*
- Wijs een **queen bee** erop dat ze met haar positie **een extra verantwoordelijkheid** heeft. Juist ten opzichte van leerlingen met een lage status.

Een spiegel voorhouden

Een meisje hangt verveeld in haar bank. Ze wil niks en ze heeft nergens zin in. Ze gaapt en snauwt dat ik haar met rust moet laten.
Ik haalde een spiegel uit de personeelskamer. Ik zette die

voor haar neer. Ik zei: hier moet ik nou al een halfuur naar kijken. Als je hier een selfie van durft te versturen krijg je van mij een broodje kaas.

14. **Plagerige grappen over seks**, ongesteld zijn, het uiterlijk, groot worden, vriendjes hebben, etc. kunnen voor een mannelijke leraar leuk zijn (plagen), meisjes waarderen het zelden. Niet doen. Het beschadigt ze. Een aantal zal u bovendien terugpakken.
15. **Seks en valse beschuldigingen**.
    - Voor de meeste meisjes is het erotisch uittesten van hun aantrekkelijkheid bij een docent(e) spielerei. Ze willen er verder niets mee. Dat kan uiteraard bij die docent wel anders overkomen.
    - Het is veiliger dat vróuwelijke docenten opmerkingen maken over het bovenstaande verleidelijk gedrag, over te blote kleding en dat zij ingrijpen bij een vechtpartij tussen meisjes.
    - Ongeveer 5 procent–15 procent van de seksbeschuldigingen is vals. Voor mannen lijkt het daarom veilig als er meer leerlingen aanwezig zijn in een lokaal. Tenzij die samenspannen tegen u. De tweede leerling zegt dan dat ze ook gezien heeft dat... U staat dan juridisch zeer zwak.
    - Lesbische docenten krijgen vaker valse beschuldigingen van meisjes, homoseksuele docenten van jongens.
16. Het geven van kritiek.
    Hebt u onnadenkend een rotopmerking gemaakt? Besef dat een verwijt een meisje dieper kan kwetsen en misschien nog maanden bij haar nadreunt.

Jongens zijn het vaker (40 procent, 60 procent?) eerder vergeten. Ze hebben minder emotionele resonansruimte. Bij meisjes is het daarom nóg belangrijker dat u **kritiek geeft op het gedrag, niet op de persoon**.
Liever: *Dit is slordig.* In plaats van: *Je bent slordig.*
Liever: *Wat je net deed kan niet.* In plaats van: *Jij bent onbehouwen.*

17. Meisjes verwachten ander gedrag van een mannelijke dan van een vrouwelijke docent.

Een tussendoortje: Grenzen stellen thuis door vaders en moeders
Stel dat een driejarig kind vader of moeder schopt. Moeders blijken dan vaker grenzen te benóemen: *Dat mag je niet, dat vind ik niet goed, hou daarmee op.*
Vaders blijken vaker grenzen te hándhaven: *Stop daarmee.* En ze duwen het kind weg.
U ziet dat de uitdrukking 'grenzen stellen' twee betekenissen heeft.

Meisjes verwachten van een man ander gedrag dan van een vrouw. Gemiddeld, gemiddeld zijn mannen harder, duidelijker, botter in het stellen van grenzen, vrouwen zijn gemiddeld, gemiddeld toegeeflijker, ze strijken sneller over hun hart. Onbewust weten meisjes dat. Onbewust weten meisjes dat ze **bij vrouwelijke docenten wat langer moet zeuren**, volhouden, manipuleren, zielig doen, etc., dan geven ze toe.
Het wordt een mannelijke docent gemakkelijker vergeven als die botter of ongevoeliger is: *mannen*

zijn nu eenmaal zo. Van een vrouw verwachten ze onbewust meer zachtheid, begrip en inschikkelijkheid. Vrouwelijke docenten moeten daardoor, nog meer dan mannen, vanaf het begin duidelijk maken dat zij de autoriteit zijn in het lokaal.

18. Meisjesleerlingen en vrouwelijke docenten. Persoon ≠ functie.
Meisjes kunnen zeer trefzeker zijn in kwetsen. Sommigen vinden feilloos uw kwetsbare plek. **Bij een vrouwelijke docente komt die kwetsing dubbelhard aan**, gemiddeld is zij immers ontvankelijker, sensitiever dan haar mannelijke collega.
Op zulke momenten is het erg lastig om professioneel te blijven. Wat helpt is als u dit beseft: *ze zeggen het niet tegen mij als persoon maar tegen mij in mijn rol van docente.*

19. Voor een flink aantal mannelijke docenten is het **moeilijk om de gevoelens van vrouwelijke leerlingen serieus te nemen**. Het vereist inleving in een wereld die hun soms vreemd is.
    - Ze moeten beseffen dat meisjes relatief veel tijd besteden aan denken en praten over relaties.
    - Mannen snappen vaak niet dat een vriendin opeens van BFF in een vijand kan veranderen.
    - Het is lastig lesgeven (onderbouw, mbo) als de docent een afkeer voelt van de wereld van shoppen, mode, het uiterlijk, BN'ers, entertainment, etc.
    - Ze willen dat een verdrietig meisje haar emoties *(het is maar liefdesverdriet)* opzijzet en gewoon haar huiswerk gaat maken. Dat is voor jongens gemakkelijker. Meisjes moeten het wel leren.

- Een docente over haar man: *Zelfs als een van onze kinderen echt ziek is, dan lijkt hij dat, zodra hij op zijn werk is, gewoon te vergeten.*

Als een (mannelijke) docent zegt dat hij meisjesconflicten 'verwarrend, chaotisch, onontwarbaar' vindt, dan bedoelt hij dat hij niet in staat is die na te voelen. Hij beschrijft dan zijn eigen inlevingstekort.

47 Nepnieuws ontkrachten

Pedagogisch reageren op, wat u ziet als, onzinfeiten en onzintheorieën

Het woord 'ontkrachten':
Door het woord 'ontkrachten' brengt u zichzelf waarschijnlijk in een vechtmodus, het is een aanvalswoord. U wilt dit gevecht winnen, maar daarmee hebt u uw mislukken ingebouwd. Vermoedelijk zult u in welles-nietes vechterige gesprekken vastlopen.

Uw doel zou moeten zijn: *pedagogisch reageren op* wat u ziet als onzinfeiten en onzintheorieën!

Meestal is de leerling(e) te goeder trouw. Die heeft het idee dat hij iets waardevols ontdekt heeft, een inzicht dat u niet hebt. Waarschijnlijk is die leerling daar ook trots op. Misschien zit hij u ook uit te dagen en te testen, maar hij gelooft het toch minstens een beetje.
U kunt reageren met **vechten:**

Wat een onzin,
Hoe kom je erbij,
Dat is een gevaarlijke theorie.

U kunt reageren met **vluchten:**

Geen aandacht aan besteden,
Niet op ingaan,
Hopen dat het overgaat.

U kunt reageren met **verstijven:** schrik, verlamming, paniek.

U kunt ook kiezen voor **verbinden** als uitgangspunt:*

> Het is als het ware de taak van de puber om zwart-wit, extreem te zijn. Het is uw taak om daar professioneel op te reageren.

Fase 1: Verbinden, meebewegen, meeveren, judo

- *Vertel eens meer, je hebt erover nagedacht.*
- *Ik weet dat er meer mensen zijn die dat denken... vooral als ze kijken op site x.*
- *Ik heb die site ook gezien, echt een mooie site.*
- *Jij bedoelt dat je niet alles moet geloven wat er in de krant staat. Dat is waar.*

Bij seksistisch, racistisch of antisemitisch 'nieuws' of -complottheorieën slaat misschien de paniek bij u toe. Dus des te meer reden om pedagogisch in verbinding te blijven.

- *Ik probeer rustig te reageren, maar weet je dat ik schrik dat je...*
- *Je hebt foto's uit de Tweede Wereldoorlog gezien, zijn dat geen bewijzen voor je?*
- *Begrijp ik het goed dat jij vindt, denkt, twijfelt over...*
- *Je weet al dat ik hier anders over denk, ik wil je toch snappen. Dus wat jij zegt is...*

* Dit roept ook de vraag op of leerlingen zomaar alles mogen zeggen. En of iedere docent in staat is dit soort gesprekken te voeren. Zie daarvoor hoofdstuk 16: 'Politieke tegenstellingen in de klas bespreken' en 17: 'Het Midden-Oosten in de klas' in het boek *Machomannetjes*.

De overgang naar uw eigen mening. Pas op met 'MAAR'

In veel gevallen betekent het woordje 'maar' dat u het voorafgaande niet meende. Het was een inleiding tot de echte boodschap die erna komt. Dan vindt een leerling u vals.

- *Er zijn meer mensen die dat denken, maar...*
- *Het is een mooie site, maar wat er staat is onzin.*
- *Je was altijd een goede partner voor me, maar...*

Met het woordje EN, of een tekst met die betekenis, bent u geloofwaardiger:

- *Ik hoor je mening, je bent helemaal overtuigd. En ik denk dat het niet waar is. Ik denk dat...*
- *Ik begrijp dat je gelooft dat de Holocaust niet is gebeurd; dat die bekentenissen van Duitse kampcommandanten in scene zijn gezet.* EN *ik denk/ik weet dat het helaas wel allemaal gebeurd is.*

Fase 2: Uw eigen mening

Mag een docent zijn eigen mening geven? Je mag niet indoctrineren, niet eenzijdige info geven. En het is noodzakelijk dat domheden worden tegengesproken. De docent heeft door zijn opleiding een kennis-, denk- en theorievoorsprong. En moet die pedagogisch inzetten.

- *Er zijn meer mensen die dat denken. Dat maakt het natuurlijk geloofwaardiger. Toevallig is dit echt goed onderzocht. Het blijkt een hoax te zijn.*
- *Het is een mooie site, mooi lettertype ook. De inhoud van die site vind ik helemaal niet zo goed.*
- *Ik weet dat deze (*CIA*, Mossad,* AIVD*, Illuminatie) theorieën bestaan. Ik heb ze ook gelezen op internet. Dus ik kan me wel voorstellen dat je het gelooft. Maar*

het gekke is, ik heb op internet op veel plaatsen ook het tegenovergestelde gelezen, dan moet je toch zelf kiezen wat de meest logische theorie is.
Ik kan je een site geven met 'bewijzen' dat de aarde plat is. Met grafieken, foto's, plaatjes.

- *In Iran was een enorme corona-uitbraak terwijl er géén 5G-netwerken waren.*
- *Ik weet dat in mijn straat Joden zijn vermoord, mijn ouders kenden ze.* Of: *Ik heb zelf een overlevende van de Holocaust gesproken.*
- *De Protocollen van de Wijzen van Zion* (antisemitisch pamflet) *zijn een bewezen vervalsing. Die zijn bedacht door de Russische geheime dienst in 1912... Ik kan je de bronnen wel geven.*
- *De site die je nu noemt heeft al honderd keer verkeerde informatie gegeven.*
- *Jij bedoelt dit waarschijnlijk niet zo, maar weet je dat de nazi's dit ook dachten?*
- *Je wilt een zuiver land. Zuiver klinkt als een mooi woord. Bij de teelt van bloembollen weten ze dat je die juist wél moet kruisen. Onze tarwe, bonen (Mendel), tomaten, ook onze aardappels zijn het product van kruising. Daar worden ze sterker van. Volbloed paarden en raszuivere honden zijn ontzettend zwak. Ideeën van mensen worden ook sterker als je met elkaar in discussie gaat.*

- Als de leerling bij zijn mening blijft:
  Ik merk dat je op alles wat ik zeg (meteen) een antwoord hebt.
- Met humor, lachend: *Hoor ik het goed dat je voorbereid bent op deze vragen?*
  Is er ook iets waarover je wél twijfelt? Dat hoef je mij niet te zeggen, maar neem ook je twijfels serieus.

- *Als ze schrijven dat Greenpeace de aanslag op de Twin Towers heeft gepleegd, geloof je dat?*
- *Is er iets waardoor jij zou kunnen gaan twijfelen? Als je een overlevende zou spreken, als je een film van de kampen uit 1945 zou zien die toen gemaakt is door het Amerikaanse leger... Er zijn ook opnames door Russische troepen.*
- *Er zijn honderden sites die geld verdienen met advertenties. Hoe meer hits des te meer geld ze krijgen. Ze weten dat ze scoren met extreme standpunten, ook al geloven ze daar zelf niet in.*
- *Er zijn wel duizend onderzoeken die bewijzen dat roken longkanker veroorzaakt. En er zijn er tien, gesponsord door de tabaksindustrie die dat tegenspreken. Wie geloof je dan?*
- *Ik merk dat je eigenlijk niet wilt horen wat ik zeg. Het is net alsof je jezelf uitschakelt zodra ik iets zeg. Herken je dat? Wil je één minuut maar naar me te luisteren? Ben je er? Oké, wat ik wil zeggen is...*
- Als u merkt dat u aan het drammen bent: *Ik denk dat ik een beetje aan het drammen ben. Ik stop.*

Het versoepelen van de meningsverandering

- *Wat gebeurd is in de concentratiekampen was zo afschuwelijk. Ik kan me voorstellen dat je het nauwelijks kan geloven...*
- *Als er tien sites zijn die dat beweren, dan kan ik me voorstellen dat je dat gaat geloven.*
- *Je bedoelt het niet zo, maar je komt bij ideeën terecht die veel ellende hebben veroorzaakt.*
- Uw leerling zegt: 'Dat de CIA ons allemaal afluisterde, dat geloofden we vroeger toch ook niet?' U: *Dat klopt, dat geloofde ik toen ook niet. Die luisteren ons inderdaad af. Zoiets komt gelukkig vroeger of later toch uit.*

- *Ik kan me voorstellen dat je denkt dat je echt iets nieuws ontdekt hebt. Helaas, ik kan je zo een aantal feiten noemen...*

Fase 3: Met rust laten

Niet zeggen: *Geloof je me? Ben je het met me eens?* Ik denk dat veel docenten na een gesprek willen horen: u hebt eigenlijk gelijk, (dank u voor uw wijze inzichten). Door die druk verlamt het denkproces van de leerling. Veel pedagogischer is: *Denk er eens over na, leuk dat we het erover hadden. Ik wil het er nog wel eens een keer over hebben.*

U wilt misschien te veel en te snel. Wat de leerling tegenhoudt is dat hij niet zomaar zijn vroegere opvattingen kan loslaten. Of dat hij zich onbewust deloyaal voelt aan zijn vrienden als hij van mening zou veranderen.

Leren denken. De aarde is plat

Uw doel is dat uw leerlingen leren denken. Met een onderwerp zoals 'De aarde is plat' (vierkant mag ook) kunt u oefenen in leren denken zonder dat de emoties hoog oplopen.

Leren denken betekent o.a.:

- Er is een verschil tussen feiten en meningen.
- Bij feiten kun je zeggen dat ze waar of onwaar zijn.
- Bij een mening, een theorie kun je nooit definitief zeggen dat die waar is. Er kan immers nog een waarneming komen die de theorie ontkracht. Bij meningen, theorieën kun je wél zeggen dat die waarschijnlijk zijn, plausibel zijn, veel verklaren.
- Als je een mening hebt, ga actief op zoek naar feiten waardoor je die mening zou moeten herzien (Popper: falsificeren).

- Besef dat eigenbelang (het belang van je eigen groep) vaak doorspeelt in de mening die je hebt. Dat is lastig uit te filteren.

Wist u dit?
De Eiffeltoren bestaat niet. Die bestaat alleen op gefotoshopte plaatjes, daar zijn bewijzen van. Als je in Parijs komt, dan word je onder hypnose gebracht waardoor je wel een Eiffeltoren gaat zien. Je fototoestel wordt gehackt, etc. Trouwens Parijs bestaat ook niet. In de kranten staan fake foto's om ons te misleiden, daar zijn bewijzen van.

Valkuilen:
Was ú vroeger altijd redelijk en in balans? Probeer terug te gaan naar de tijd dat u, achteraf gezien, malle extreme opvattingen had. Heb vertrouwen dat het met de meeste leerlingen ook goed komt.

En wordt niet dwingend, houd uw paniek in bedwang. Als u een leerling voor 5 procent aan het twijfelen brengt, dan hebt u goed werk verricht.

Ook niet zeggen:
- *Vroeger, toen ik jong was, was ik ook idealistisch en had ik ook dat soort opvattingen.*
- *Als je een beetje slim bent, geloof je dit niet.*
- *Je doet dit om stoer te zijn, je wilt een soort held worden. Dat jij iets ziet wat niemand ziet.*
- *Je komt er nog wel op terug.*
- *Je wilt je gewoon afzetten tegen de volwassenen.*

Ideetje:
Vertel leerlingen dat het ontzettend lucratief is om onzinnige, sensationele berichten op sociale media te

zetten, omdat het veel clicks, en dus advertentieopbrengsten, oplevert. Maak leerlingen duidelijk hoe gevaarlijk die berichten kunnen zijn. Laat leerlingen, aansluitend bij het nieuws van dat moment, sensationele onzinteksten schrijven die veel hits zouden kunnen scoren.

AL TIENTALLEN BABIES VERDWENEN UIT ONS ZIEKENHUIS
LEERLINGEN VIA SCHOOLSTAGES DE PROSTITUTIE IN
IS WILLEM-ALEXANDER EEN ROBOT?
VEEL HONDENPOEP IN VACCINS
ONZE REGERING VERKOOPT ONS GRONDGEBIED AAN RUSLAND
ARTSEN VERDIENEN GOUD GELD AAN KANKER

48 Gedragsontregelaars

De invloed van gedragsontregelaars op de vorming van normen en waarden

Het aanleren van normen in traditionele samenlevingen

In een traditionele samenleving zijn de gezagsrelaties verticaal. Ouders, leraren, religieuze leiders, de politie e.a. hebben groot gezag. Mensen zullen zich niet gemakkelijk buiten de paden begeven. De sociale controle en de angst voor straf zijn groot.

Bovendien is het doel van de opvoeding in dit type werelden: het aanleren van goed gedrag. Er is in die werelden geen twijfel over wat 'goed' is: iedereen weet wat goed gedrag is. Zowel expliciet als impliciet wordt elke dag weer het juiste gedrag ingeprent. Afwijkend gedrag wordt bestraft door de hele gemeenschap. De schaamte van de familie is groot als iemand zich niet zou gedragen zoals het hoort. Alle oudere lezers zijn zo opgevoed.

Door dat alles wordt een norm, zolang iemand binnen die wereld blijft, diep verankerd. Maar zelfs als de norm niet diep verankerd is, zelfs dan zullen mensen zich, zeker in het openbaar, meestal op de juiste manier gedragen omdat de straf bij afwijking te groot is.

Het aanleren van normen in moderne samenlevingen

In 'moderne' samenlevingen zijn de relaties tussen ouders en kinderen veel meer horizontaal. Het doel van de opvoeding is niet gehoorzaamheid maar zelfstandigheid.

Jongeren worden aangemoedigd zelf na te denken. Kinderen mogen ouderen tegenspreken op een manier die in traditionele samenlevingen hondsbrutaal gevonden zou worden. De sociale controle is er bovendien klein. Buren en onbekenden durven zich vaak niet met het gedrag van andermans kinderen te bemoeien.

In moderne samenlevingen hebben mensen, ook jongeren, daarom een *interne stabiele set van normen en waarden* nodig. Daar is veel opvoedwerk voor nodig. Het vereist sterke emotionele banden omdat ouders anders geen invloed hebben. Opvoeden in deze tijd betekent veel praten, aandacht vragen voor de redelijkheid van een standpunt, uitleggen, empathie opwekken, verstandig grenzen stellen, etc. Daarnaast moeten opvoeders naast straffen vaak schipperen, gedogen en hoopvol blijven.

In moderne samenlevingen wordt het opvoeden ernstig bemoeilijkt door een veelheid van wat ik 'gedragsontregelaars' noem. Het zijn voorbeelden van slechte gedragingen, foute normen en waarden die vaak op een zeer aantrekkelijke manier aan jongeren voorgeschoteld worden.

> We hebben in feite een deel van de opvoeding uitgeleverd aan niet-opvoeders, aan commerciële partijen: de opvoeding rond omgangsvormen, seksualiteit, agressie, zelfbeheersing, bezitsbehoefte, etc.

Gedragsontregelaars in moderne samenlevingen

Een paar voorbeelden. Ik kijk op een toevallige zondag met mijn kleindochter (toen 12) mee op haar telefoon naar wat ze die week aan filmpjes binnen kreeg. Een selectie:

- Een jongen kauwt op een Mentos en neemt daarna een slok cola. Dat blijkt een sterke chemische reactie te geven. Hij spuugt een golf cola de woonkamer in. Lachen.
- Een jong meisje in bh en broekje wordt onverwacht gefilmd als ze de badkamer uit komt. Ze vlucht naar haar slaapkamer en kruipt onder de dekens. Lachen.
- Een jongen steekt in huis een pepermuntje in brand. Een vlam op het tafelkleed. Spannend.
- Een jongen zit in een kinderwagen en rijdt met zijn benen omhoog van een hobbelige heuvel af. Hij komt met smak op de grond terecht. Lachen.
- Iemand gooit een wc-deur open: daar zit een jongen te persen. Lachen.

Met waarschuwing: *doe dit nooit thuis* zien ze op de tv dat jongeren vlak voor een aanstormende trein de rails oversteken. In jongerenfilms (*Verliefd op Ibiza* e.v.a.) zien ze jongeren stomdronken op vakantie, halve aanrandingen, vernielingen, vreemdgaan, bizar gedrag en brutaliteiten. Op videoclips zien ze beelden van gangsterachtige macho mannen en wulpse sexy vrouwen. U kunt deze lijst ontregelaars gemakkelijk aanvullen.

We hebben delen van onze opvoeding uitgeleverd aan commerciële partijen

Ik weet niet of het verstandig zou zijn sommige gedragsontregelaars te verbieden. Maar ze doen zeker wel schade aan kwetsbare jongeren.

We hebben, ik herhaal het, in feite een deel van de opvoeding uitgeleverd aan niet-opvoeders, vaak aan commerciële partijen.

- De feitelijke relationele en seksuele opvoeding wordt voor een deel bepaald door tv-series, sensuele reclames, films, het pornoaanbod, door videoclips e.d.
- De opvoeding tot emotionele rust en zelfbeheersing wordt sterk beïnvloed door drukke ADHD-achtige kinderprogramma's (*Spongebob*) met veel geschreeuw en snelle beeldwisselingen.
- De opvoeding tot gematigdheid en bescheidenheid wordt sterk beïnvloed door programma's waarin elke beginneling wordt aangepraat dat hij of zij een sterretje is.
- De opvoeding rond agressiebeheersing wordt voor een deel bepaald door vechtfilms en vechtspelletjes. In sommige spelletjes krijgen ze voor elke moord een 'respect'punt.
- De opvoeding tot fatsoenlijk gedrag wordt moeilijk gemaakt door talloze brutale kinderen in tv-reclames maar zelfs door een tv-programma zoals, jaren geleden al bij de NCRV, *Praatjesmakers: Kijk nou toch eens hoe leuk brutaal mijn kleine mannetje is.*

In de puberteit worden jongeren bestookt met reclames voor alcohol, ze worden verleid tot gameverslaving, tot drank, voorheen roken, veel eten, etc. We leren ze vooral dat je gelukkig wordt als je de nieuwste materiële bezittingen hebt. We laten het toe dat ze opgevoed worden tot 'bezit-obesitas'.

Geen enkele diersoort geeft de opvoeding van de volgende generatie uit handen aan anderen, zeker niet aan commerciële partijen die een totaal andere doelstelling hebben. Commerciële partijen hebben geen opvoedings- of beschavingsdoel. Ze zijn gericht op aandacht trekken en verkopen.

Ook volwassenen worden niet losgelaten. Zij worden in reclames verleid tot veel eten, drinken, alcohol, vreemdgaan (*second love*), uitbundige bezitsvorming, het maken van schulden, etc.

De zwaksten, de kwetsbaarsten betalen de prijs
In een moderne samenleving is opvoeden lastig. Het stelt zeer hoge eisen aan de opvoeders en aan de jongeren zelf. Door het vrijwel ontbreken van sociale controle en door de vele aantrekkelijke normontregelaars moeten jongeren in deze cultuur veel stabieler zijn om 'op het rechte pad' te blijven. Ze raken anders gemakkelijker verward, labiel en ontregeld.

Opvoeden is veel meer topsport geworden. Niet alle jongeren en niet alle opvoeders zijn tot deze grote prestatie in staat. De zwakkeren betalen de prijs.

49 Zelfbeheersing

Een van de belangrijkste opgaven in een mensenleven.

Intelligentie en zelfbeheersing
Op de eerste pagina van zijn boek *Wilskracht* maakt Baumeister* een belangrijke opmerking:

> *Psychologen die de vinger proberen te leggen op persoonlijkheidskenmerken die 'goede resultaten' in het leven voorspellen, komen altijd bij twee eigenschappen uit: intelligentie en zelfbeheersing.*

Intelligentie, schrijft Baumeister, is waarschijnlijk nauwelijks te veranderen, wilskracht wel. Zelfbeheersing leidt zowel tot een beter privéleven als tot meer succes op zakelijk vlak.

Zelfbeheersing, jong geleerd, oud gedaan
Tot 1960 leerden leerlingen op school rechtop te zitten in de bank, luisteren als de docent aan het woord was, je pen op een voorgeschreven manier vasthouden, binnen de lijntjes schrijven, je vinger opsteken voor je iets zei, zorgvuldig met de schoolmaterialen omgaan, geen ezelsoren maken in een boek, wachten tot de docent zei dat het pauze was, etc. etc.

Thuis was het net zo. Tijdens het eten moesten veel kinderen aan tafel blijven, rustig praten en wachten tot het eten werd opgeschept. Ze moesten de ouders gehoorzamen en niet te veel vragen, want *kinderen die vragen, die worden overgeslagen.*

* R. Baumeister en J. Tierney, *Wilskracht*. Amsterdam, 2012

Zelfbeheersing werd toen in de jónge jaren aangeleerd.

Door de Tweede Wereldoorlog zijn discipline en gehoorzaamheid in een slecht daglicht komen te staan. De vroegere eis van grote zelfbeheersing gaf structuur en duidelijkheid, maar heeft kinderen ook schade toegebracht. Het heeft ongetwijfeld veel spontaniteit in de kiem gesmoord.

In de huidige tijd worden kinderen op jonge leeftijd veel minder ingeperkt. Ze mogen veel meer doen/hebben/zeggen wat ze willen. Jonge kinderen zijn het veel minder gewend te gehoorzamen, zich in te voegen, op hun beurt te wachten, iets niet te krijgen, etc. Ze ontwikkelen daardoor veel minder de vaardigheid om te leven met beperkingen en tegenslag. Ze hebben niet de inschikkelijkheid geleerd die in het leven vaak nodig is. Veel jongeren worden opgevoed zoals vroeger prinsjes en prinsesjes: als ze iets niet willen eten, dan hoeft het niet; als ze iets willen hebben, dan krijgen ze het. Naarmate het kind ouder wordt, worden sommige ouders wanhopig: ze moeten hun kind *nadat het al jaren vrijwel alles mocht,* alsnog discipline en zelfbeheersing bijbrengen. Overdreven gezegd: hun kind is een monstertje met weinig zelfdiscipline geworden. Zo komt een aantal bij u op school.

Aspecten van zelfbeheersing. Op school en als volwassene

Zowel op school, in werksituaties als in het privéleven is een groot aantal eigenschappen nodig die varianten zijn van zelfbeheersing:

- *Doorzettingsvermogen, volhouden, uithoudingsvermogen.* Niet opgeven als het moeilijk wordt,
- *Concentratievermogen.* Je niet laten afleiden,

- *Niet impulsief, primair reageren.* Beheerst, professioneel zijn,
- *Uitstellen van bevrediging.* Doorgaan met het noodzakelijke, maar minder prettige,
- *Omgaan met tegenslag.* Door tegenslag niet volledig van de kaart zijn,
- *Inspanning leveren, je inzetten voor iets.* Kortetermijndoelen opgeven voor langetermijndoelen.

Het aanleren van deze aspecten van zelfbeheersing is op latere leeftijd lastig, als dit in de jonge jaren niet geoefend is.

Stel dat leerlingen op een examen een halve pagina tekst moeten lezen. Wie dat niet gewend is, kán dat niet opbrengen. Dat is geen kwestie van willen, maar van kunnen. Het vooronderstelt dat je daarvóór al een aantal keren geconcentreerd een lange tekst gelezen hebt.

Hetzelfde geldt voor de, voor sommige mensen bijna onmogelijke, opgave een heel boek te lezen, een uur stil te zitten, iets een week uit te stellen, een feestje te skippen voor een proefwerk, etc.

Weinig zelfbeheersing in de klas:
Geen zin hebben in huiswerk en dús geen huiswerk maken,
Trek hebben in een boterham en die dús meteen opeten in de les,
Nu aandacht willen en die dús nu opeisen,
Willen praten terwijl de docent aan het woord is en dús gaan praten,
Boos zijn en dús meteen schreeuwen,
Willen bewegen en dus opstaan, wiebelen, etc.

Weinig zelfbeheersing als volwassene:

- Seksualiteit. Meteen bevrediging willen. Porno, vreemdgaan en prostitutie,
- Koopgedrag. Alles willen hebben. Schulden maken,
- Agressie. Impulsief vechtpartijen veroorzaken,
- Roken, drank- en drugsgebruik, te veel eten, gamen, in het algemeen verslavingsgevoelig.

Het marshmallow-experiment

Kent u het marshmallow-experiment? Op internet vindt u honderden hilarische filmpjes van kleuters die verlangend kijken naar een heerlijke marshmallow. Ze mogen die opeten maar ze krijgen er drie als ze vijf minuten kunnen wachten. Dan laat de experimentator hen alleen met hun marshmallow. Kunnen ze het opeten uitstellen?

Gezegd wordt dat dit experiment in hoge mate voorspelt of het kind later zal gaan studeren en een ordelijk leven zal gaan leiden.

Hoe kunt u bij uw leerlingen zelfbeheersing bevorderen?

Onze leerlingen leven in een wereld vol aantrekkelijke hebbedingen. Gelikte slimme reclames verleiden hen permanent tot kopen. Een deel van de jongeren leeft vooral met het doel om te consumeren, dat is in feite hun levensdoel. Consumentisme wordt wel eens de religie van deze tijd genoemd. Zonder zelfbeheersing worden zij gulzige monstertjes die onmiddellijk alles willen hebben. Kan de school een beetje tegenwicht bieden?

Eigen beheersing thema's bedenken

In het onderstaande staan mijn wijsheden. Ik pas veel ervan toe en ik weet dat het uitstekend uitwerkt. Maar didactisch is het veel beter dat leerlingen beheersing oefenen met zelfgekozen thema's.

Gewoontevorming in zelfbeheersing

Als iets een gewoonte geworden is, dan kost het geen moeite meer.

- Elke dag een lijstje van to-do dingen maken. Heerlijk om zo'n lijstje af te vinken.
- Eerst huiswerk maken, dan pas gamen of vriendinnen bellen.
- Tijdens het huiswerk je mobiel wegleggen.
- De mobiel niet mee naar de slaapkamer.
- Niet beginnen met energydrankjes of alcohol.
- In de pauze geen chips etc. eten.
- Gebruik de *Stop, Denk, Doe-methode.* Als je boos bent, eerst nadenken. Leerlingen mogen ook gewoon eerst tot tien tellen, ook dat leidt tot zelfbeheersing.

Verleidingen overwinnen

Kent u de diepe vreugde als je jezelf overwonnen hebt? Als je eindelijk en na veel inspanning iets onder de knie hebt? Als je vrijwillig iets niet hebt gedaan wat je eigenlijk wel wilde? Dan voel je dat je mens bent. Je voelt dat je meer bent dan je primaire impulsen. Dat is vrijheid. Gun uw leerlingen dat gevoel.

50 Het paniekwoord 'straatcultuur'

Van paniekwoord naar rustig kijken welke invloed u hebt.

Ik ben niet meer blij met het woord 'straatcultuur'. Het roept namelijk associaties op met oprukkende horden, alsof het einde van de beschaving nabij is. Het woord ruikt naar angst, dreiging en ondergangsdenken.

Deze associaties zijn schadelijk in het onderwijs. Als we extreme woorden gebruiken, dan wordt het in ons hoofd veel te groot. Die woorden gaan een eigen werkelijkheid oproepen, met eigen associaties. Als u last hebt van leerlingen, dan maakt u het erger als u het 'terreur' zou noemen. Ook als u hun uittesten 'sarren' zou noemen.

Op sociologisch niveau is 'straatcultuur' een goede term. U leeft echter in het concrete niveau van uw klas. Op klasse- en schoolniveau hebt u te maken met korte lontjes, machogedrag, meidenvenijn, pesten, afpersing, groepsvorming, een antischoolhouding, brutaliteiten, etc. Gebruik liever die woorden, met die verschijnselen moet u leren omgaan.

Door rustige woorden te kiezen vergroten we de kans dat we zelf in balans blijven. We kunnen dan meer ontspannen naar de leerlingen blijven kijken en evenwichtiger reageren.*

* Een mea culpa. Ik heb in 2004 *Respect, 99 tips voor het omgaan met jongeren in de straatcultuur* gepubliceerd, inmiddels de 38ste druk. En in 2011 *Machomannetjes, 99 tips om de straatcultuur terug te dringen uit uw school*, nu de 17de druk. In beide gevallen met het aansprekende paniekwoord in de titel.

Literatuur

E. Anderson, *Code of the street.* Norton, NY, 1999

E. Anderson, *Streetwise.* Chicago, 1990

R. Baumeister, *Wilskracht.* Amsterdam, 2012

S. Bensallam, *Kleine jongen.* Amsterdam, 2010

A. Broek, *De terreur van de schaamte, brandstof voor agressie.* Haarlem, 2007

P. Bourgois, *In search of respect.* New York, 2006

R. Collins, *Interaction Ritual Chains.* Princeton, 2004

R. Collins, *Violence.* Princeton, 2008

J. Devine, *Maximum security, the culture of violence in inner city schools.* Chicago, 1996

R. Ermers, *Honor related violence.* Londen, 2018

W. Farell, *The boy crisis.* Dallas, 2018

M. Fleisher, *Dead end kids, gang girls and the boys they know.* Wisconsin, 2000

J. Gilligan, *Violence, reflections on a national epidemic.* New York, 1997

A. de Groot, *Term, begrip, theorie.* Meppel, 1986

I. El Hadioui, *Hoe de straat de school binnendringt.* Amsterdam, 2011

A. Jersild, *When teachers face themselves.* Colombia Univ., 1975

J. D. de Jong, *Kapot moeilijk.* Amsterdam, 2007

H. Kaldenbach, *Korte lontjes, 99 tips voor het omgaan met jongeren in de klas.* Amsterdam, 2019

H. Kaldenbach, *Machomannetjes, 99 tips om de straatcultuur terug te dringen uit uw school.* Amsterdam, 2019

H. Kaldenbach, *Respect, 99 tips voor het omgaan met jongeren in de straatcultuur.* Amsterdam, 2018

H. Kaldenbach, *Hangjongeren, 99 tips voor buurtbewoners en voorbijgangers.* Amsterdam, 2018
D. Kahneman, *Ons feilbare denken.* Amsterdam, 2017
V. Klemperer, *Tot het bittere einde.* Amsterdam, 2009
L. Meijs e.a, *Dialoog onder druk.* School en Veiligheid, S&V, 2018
P. Noguera, *The trouble with black boys.* San Francisco, 2008
J. Ogbu, *Black American students in an affluent suburb.* New York, 2003
C. Omer, *Nieuwe autoriteit.* Amsterdam, 2011
B. Paulle, *Anxiety and Intimidation in the Bronx and the Bijlmer.* Amsterdam, 2005
B. Paulle, *Toxic Schools, High-Poverty Education in NY and Amsterdam.* Chicago, 2013
D. Pels, *De economie van de eer.* Veen, 2007
D. Pinto, *Interculturele Communicatie.* Houten, 1994
M. de Rijk, *Geen stress, we gaan het maken!.* Volt, 2021
J. Ruigrok e.a., *In plaats van schorsen, handboek herstelrecht.* Oirschot, 2015
K. Schuyt, *Steunberen van de samenleving.* Amsterdam, 2006
K. Schuyt, *Waarden, normen en de last van het gedrag.* WRR rapport. AUP, Amsterdam, 2003
F. van Strijen, *Van de straat.* Amsterdam, 2009
P. Teitler, *Lessen in orde in het mbo.* Bussum, 2015
E. Tonkens, *Spugen op de kleine leider.* Van Gennep, 2009
C. Veraart, *Valse zeden.* Nijmegen, 2012
P. Verhaeghe, *Autoriteit.* Amsterdam, 2015
C. Wouters, *Informalisering.* Amsterdam, 2008
E. van 't Zelfde, *Superschool.* Amsterdam, 2015

Over de auteur

Hans Kaldenbach is onderwijzer geweest, heeft pedagogiek gestudeerd en gaf ruim dertig jaar les aan de Lerarenopleiding van de Hogeschool Utrecht. Hij schrijft al veertig jaar over alledaagse cultuurverschillen, de laatste twintig jaar over korte lontjes, machogedrag en straatcultuur.

Hij is nu zelfstandig trainer en geeft vanuit Acta-Kaldenbach veel trainingen in het onderwijs, in het jongerenwerk, bij de overheid en in het bedrijfsleven.

Wat doet Acta-Kaldenbach?

- Trainingen, interactieve presentaties, altijd mét acteur, ook op uw school, in uw organisatie:
  - Korte lontjes, machogedrag en straatcultuur.
  - Omgaan met ouders.
  - Cultuurverschillen, professioneler worden.
- Voor buurtbewoners: 'Omgaan met lastige jeugd'.

Van Hans Kaldenbach zijn diverse waardevolle publicaties verkrijgbaar.

kaldenbach@telfort.nl
www.hanskaldenbach.nl

Korte lontjes. 99 tips voor het omgaan met jongeren in de klas.
20ste druk.
ISBN: 978 90 446 3141 8

Hoe kunnen ontregelde leerlingen macht over u uitoefenen? U hebt niet alleen 'gezag' nodig maar ook 'macht'. U krijgt veel tips over hoe u dat doet zonder escalerende conflicten en zonder lange 'discussies'.

Machomannetjes. 99 tips om de straatcultuur terug te dringen uit uw school.
17de druk.
ISBN: 978 90 446 1813 6

Waardoor ontstaat de antischoolhouding? Hoe vermindert u de afkeer van homoseksualiteit? Als u geïntimideerd wordt... Hoe krijgt u een steviger uitstraling?

Respect! 99 tips voor het omgaan met jongeren in de straatcultuur.
39ste druk.
ISBN: 978 90 446 0706 2

Een absolute must voor leraren, jongerenwerkers, politiemensen en hulpverleners.

Dwars in leven en leren, 99 tips.
1ste druk (oktober 2021).
ISBN: 978 90 446 4953 6

Soms is een leerling of een volwassene dwars op veel terreinen.

- *Hoe herkent u dat?*
- *Wat maakt dat zo aantrekkelijk?*
- *Hoe kunt u daarmee omgaan?*

Doe maar gewoon. 99 tips voor het omgaan met Nederlanders.
53ste druk.
ISBN: 978 90 446 3559 1

Vrolijk en degelijk; een goede inleiding in cultuurverschillen; veel onverwachte eyeopeners.
Een Arabische, Engelse, Franse, Duitse en Tsjechische vertaling kunt u downloaden van mijn site. Dit boek is ook in het Chinees verkijgbaar bij uitgeverij Klaprijk & Keijsers.

kaldenbach@telfort.nl
www.hanskaldenbach.nl